Ⓢ新潮新書

釈 徹宗
SHAKU Tesshu

法然親鸞一遍

439

新潮社

はじめに　日本浄土仏教の三祖を比較する

法然・親鸞・一遍を俯瞰する

宗教思想を研究する場合には、比較という方法が有効です。ユダヤ教とキリスト教、キリスト教とイスラーム、ヒンドゥー教と仏教、仏教とジャイナ教、仏教と神道など、比べないとわからない宗教体系も少なくありません。また、比較することによって、その宗教体系を客観視や相対化することが可能です。ひとつの思想を絶対視してしまうと、見えなくなる部分もありますからね。それに、宗教思想というのは、個人の体験にウラ打ちされていますので、解読するのが容易ではないのです。宗教体験のような主観的事象は、いくつかの臨床事例と比べることで理解しやすくなります。

もちろん、比較して優劣をつけるわけではありません。並行してそれぞれの語りに耳を傾ける、それだけでも見えにくい宗教の側面が明確になることもあるのです。これは筆者の実感でもあります。以前、なかなか親鸞の語る世界がうまくとらえられずにいたところ、キェルケゴールやフロイトと比較したことで腑に落ちる経験をしました。

そんなわけで、この比較手法を駆使して、現在の「浄土宗」「浄土真宗」「時宗」といった伝統浄土仏教教団の三祖、すなわち法然・親鸞・一遍を並べて、それぞれの特性を考察しようと思います。そして、最終的な目的として、「親鸞の信心」と向き合うことができればと考えています。

この三者は、浄土仏教という共通基盤に立脚しているものの、そこに立ち現れる思想体系からは各人の特性を読み取ることができます。

知られているように、法然は親鸞の師であり、一遍は法然門下の系統に位置します。ですから、これまでにもこの三者は比較論考されてきました。法然と親鸞とを取り上げたものが圧倒的多数であると言えるでしょう。そして、その論調は、「法然によって念仏の道はすべて完成しており、親鸞はそれを実行した人物のひとりである」といったものや、「法然が提示したものを親鸞が深化・完成させた」などといったものがほとんどです。

一方、法然思想と親鸞思想の流れで言えば、一遍は少し別の扱いとなっています。その理由は後ほど確認してもらうとして、これまでにも少数ではありますが、法然・親鸞・一遍を比較した研究もあります。そのいずれもが、「法然・親鸞で浄土仏教は完成されたが、一遍は民俗宗教に堕した」という立場か、「法然・親鸞では成し得なかったものに一遍が到達した」という結論になっているようです。

本書はこれらのどの立場にも立たず、三者を俯瞰しようとしています。三者を並べることで浮かび上がる、親鸞の内面をのぞいてみようというのがその狙いです。

日本浄土仏教の世界を知る

さて、法然・親鸞・一遍を日本浄土仏教における一連の動きと見ることは必要であると思われます。それによって、日本宗教のメンタリティを形成してきたといわれる「日本浄土仏教」の方向性を確認することができるからです。同様に、法然・親鸞・一遍をそれぞれオリジナルの存在とし、三者の相違を考察することも肝要です。

その際、あまり論点がバラけても読みづらくなりますので、今回は「信」の問題を中心に据えて考察してみようと思います。宗教体系は、「行為と精神」や「理知と信仰」といった項目で考察することが少なくありません。そこで、このあたりを念頭におきつつ、精神活動、信仰、信心といった面に眼を向けてみます。

そもそも仏教で語られる信とは、サンスクリット語のシュラッダー（śraddhā）やアディムクティ（adhimukti）を語源としており、「しっかりと理解して、身も心も納得している状態」といったニュアンスが強くなります。この点、「不合理なるがゆえに我信ず」（テルトゥリアヌス）といった信仰とはやや性格を異にします。しかし、他力の仏教である浄土仏教となれば、独特の「信」の立場があると思われます。そこで、時系列に思想史的展開を論究するのではなく、三者の信心の特性を読み説くことを試みます。

比較という手法

比較という手法について少しお話しましょう。

比較文化研究者の福井文雅《ふみまさ》は『欧米の東洋学と比較論』（隆文館、一九九一年）の中で、フランス、ドイツ、アメリカにおける比較文学の方法論を例に挙げ、日本での比較思想研究の手法を批判しています。

比較研究の方法を大別すると、①「比較するものの間に交渉関係が実際にある場合」と、②「比較するものの間に交渉関係が実際に無い場合」の二つがあるのですが、この区別が日本の研究者には為されていないと福井は述べています。

①のような客観的で史学的な研究方法は主にフランスで確立され、学問としての存在

理由は大きいが、研究範囲が狭いという難点があります。

②のように、類似点を軸にしてそこから一般的な法則を導き出す方法は、普遍志向の強いアメリカで発達し、言説としては面白いが学問としては成立し得ないものが多いと言えます。そして、日本で比較思想といえば、ほとんどが②の立場です。

そこで「比較研究」を二つのタイプに分類して扱う必要があると思われます。ひとつは、①での比較の立場で、これを「影響比較」と呼びます。そしてもう一方である②の立場です。これを「対比比較」とします。

本書は法然・親鸞・一遍という実際に影響を受けた人物たちを取り上げていますので、「影響比較」が可能です。ただ、あまり厳密な「影響比較」にはなっていません。主要テーマが、親鸞の内面を探ろうとする試みなので、「対比比較」的感覚も使っています。影響と対比の双方向からアプローチすることで、双方の欠点を相殺できはしないかと考えました。

なお、本文中に引用した原文は、基本的に現代文の感性で意訳しました（本文【】内のもの）。原文を正確に現代語訳すると、さらなる説明が必要となって煩瑣ではないかと考えたからです。また、文中に登場する人物の敬称は略しました。

法然親鸞一遍　目次

はじめに　日本浄土仏教の三祖を比較する　3
法然・親鸞・一遍を俯瞰する／日本浄土仏教の世界を知る／比較という手法

序章　浄土・阿弥陀・念仏とは何か　13
浄土仏教とは何か／「浄土」とは何か／阿弥陀仏とは何か／「念仏」とは何か／仏道の脇役から主役へ

第一章　法然　仏教の解体と再構築　27
日本仏教のキーマン／厳しい批判の意味／仏教の脱構築／興福寺奏状による非難／明恵による法然批判／二河白道の譬え／日本仏教の再構築／法然の信心／中軸構造と中空構造／一念と多念

第二章　親鸞　その実存と信心、そして悪人　75
内省の人／『教行証文類』の意図／「今まさに」の信心／おのれの念仏は本物か／仏の救いに背き続ける悪人／「私から仏へ」から、「仏から私へ」／「ダメな私」の信心告白／「おまかせします」／親鸞における信心／船底に穴があいた船のごとく

第三章　一遍　すべては南無阿弥陀仏に　105
過小評価される一遍／すべては南無阿弥陀仏に／「捨てる」から「任せる」へ／再びの中空構造／信不信を問わず／聖俗の逆転／すべてを吸収する一遍の思想／日本浄土仏教の着地点／一遍の身体性／一遍を生み出した場／一念義と時衆への批判／ただ南無阿弥陀仏がそこにある／あくまでも一切衆生の救済／我等は下根の者なれば

第四章　三祖が紡いだ日本浄土仏教　*151*
三者の特性を俯瞰すれば／法然と一遍／法然と親鸞／実存的宗教者・親鸞を生み出したもの／親鸞と一遍／三祖の思想ベクトル／日本で完成した仏道／念仏者の生活

むすびに　選択と葛藤と融合と　*181*
比較する／分類する／選択と葛藤と融合と

あとがき　*188*

序章　浄土・阿弥陀・念仏とは何か

浄土仏教とは何か

法然、親鸞、一遍を語る前に、この三者が立脚した浄土仏教とはどういうものであるかを概観してみましょう。

浄土仏教といえば、「阿弥陀仏の誓願によって浄土に往生し、すべての人は仏と成ることができる」といった他力の仏教であり、その仏道は「念仏と信心」によって導かれると捉えることができます。しかし、これは多くの段階を経て到達した地平です。

浄土仏教を支えている「浄土」「念仏」「他力」「仏の慈悲による救い」「信による解脱」などにはそれぞれの系譜があります。諸要素がつながって、現在のようなひとつの宗教的ナラティブ（代替不能な「語られ続ける物語」）となったのは中国仏教においてのことであると思われます。かなり大雑把な言い方をすると、各要素はインド仏教やインド周辺地域の仏教や仏教以外の宗教なども含めて発達し、中国仏教において体系化され、日本仏教においてひとつの派として確立した、そのような流れです。

この浄土仏教は、日本仏教フィールドにおける大きな基軸のひとつとなっています。

日本仏教がもつ特性は、この他力の仏道によって形成されてきた部分が大きいと言えます。かつては浄土教と呼称されていましたが、近年は浄土仏教という名称を使うようになりました。本書でもこの呼称を使うこととしましょう。

「浄土」とは何か

それでは、浄土仏教の構成要素を順に取り上げていきます。

まずは「浄土」です。

そもそも、浄土仏教はガウタマ・ブッダ（釈尊）の仏教や初期仏教と比べると、かなり変形しています。それは、大衆部《だいしゅぶ》仏教や在家仏教の発達に沿って展開してきた結果です。浄土仏教思想はさまざまな宗教文化や庶民の宗教的情感が混在しているので、起源を明確に特定することはできません。でも、その源流をたどっていくと初期仏教の「仏国土」に原型を見ることができます。

仏国土とは、理想の仏教国であり、理想の修行の場を表現したものです。この世界とは異なるパラレルワールドのようなイメージと言えるかもしれません。やがて、他力の仏道の成り立ちとともに、涅槃《ねはん》の世界や解脱の世界とも重なっていきます。

このような多重的世界観は初期仏教においても語られており、例えば、最古の仏典であると思われる『スッタニパータ』においても、天界や地獄などの異界が述べられています。

『世記経』（長阿含《じょうあごん》・第十八〜二十二巻）などにも、帝釈天（古代インドの最高神インドラが仏教に取り込まれ、仏教を守る神となった）を中心とした神々の世界である三十三天や、菩薩が修行や説法をする兜率天《とそってん》（将来、仏となる菩薩が最後の生を過ごす世界）などが描かれており、それらを確認してみますと、部派仏教（ガウタマ・ブッダ滅後、二百年ほど経過すると保守派や革新派が分裂して二十派近くに分派した）の論よりもずっと素朴で未整理であることがわかります。つまり、仏教の世界観や死生観というよりは、古代ヒンドゥー文化圏のものだと言うことができそうです。

また、仏国土を「経典」で読めば、その描写は釈尊のメモリアルタワーであるストゥーパのイメージが強いことがわかります。きれいな池があって、何重にも生垣があって、花が咲いていて、大きな塔があって……、このような描写はストゥーパとそれをとりまく環境が投影されているのではないでしょうか。すなわち、浄土とは、仏がそこにいる場を指すわけです。

さて、「修行の場としての仏国土」としては兜率天がよく知られています。兜率天はインド仏教の宇宙観に基づく世界です。ブッダの前世の物語である「ジャータカ」では、釈尊もガウタマ・シッダルタとして生を受ける前は、兜率天で修行していたとされています。そして、やがてこの世界に現れることになる弥勒菩薩は、今、兜率天で修行中ということになっています。ガウタマ・ブッダの前生譚や弥勒信仰の展開によって、「我も兜率天へ生まれて修行を完成させよう」といった仏道が誕生します。このような潮流は、大乗仏教の発達によってさらに増幅していき、大乗仏教の特徴である「世界に満ち満ちる諸仏とそれぞれの浄土」が説かれるようになりました。

仏は法（世界の原理）そのものであり、法は世界に遍満しているわけです。この世界のさまざまな働きを、いろんな仏の名で呼んだ、といった面もあります。この視点をもっているがゆえに、大乗仏教は各地の土俗の信仰や神々とも融合していったのでしょう。

そして、それぞれの仏にはそれぞれの仏国土があります。阿弥陀仏の西方浄土、阿閦《あしゅく》仏の東方妙喜国《みょうきこく》、薬師如来の浄瑠璃世界、弥勒菩薩の兜率天内院、観音菩薩の補陀落《ふだらく》浄土、釈尊の霊山《りょうぜん》浄土などがよく知られています。仏と仏国土とは分かつことができない関係です。これを「身土不二《しんどふに》」や「依正二報《えしょうにほう》」と言います。それは、いわば、ひとつの生命観・世界観・宇宙観の提示でもあります。

そして、中国・日本においては、浄土へ生まれたいと願う、つまり浄土願生《がんしょう》が重要な仏道として位置づけられるのです。そして、その中でも阿弥陀仏の西方極楽浄土への願生が中心となるわけです。

浄土仏教の成立は、インドにおける大乗仏教ムーブメントと足並みをそろえて歩んできました。紀元一〇〇年頃に『無量寿経《むりょうじゅきょう》』や『阿弥陀経』が編纂されたのもその表れです。ちなみに法然は、この二経典と『観無量寿経』と合わせて、「浄土三部経」と称しました。『観無量寿経』は、サンスクリット語の原典が発見されておらず、おそらく四〜五世紀頃に中央アジアで大綱が成立し、伝訳に際して中国的要素が加味されたと推定されています。

これらの浄土仏教経典を基盤として、浄土往生の思想を成熟させていった論書も成立していきます。中でも、ナーガールジュナ（龍樹）の『十住毘婆沙論《じゅうじゅうびばしゃろん》』の「易行品《いぎょうぼん》」、ヴァスバンドゥ（天親）による『無量寿経優婆提舎願生偈《うばだいしゃがんしょうげ》』（通称『浄土論』）などは後代に大きな影響を与えました。

例えば、仏教者は釈迦の弟子であるのだから釈（釋）の名字を名乗ろうと言い出した中国仏教史上に残る傑僧・道安（三一二―三八五）も兜率天へ生まれることを願いました。そして道安の門下ナンバーワンであった慧遠《えおん》（三三四―四一六）は、廬山において阿弥陀仏の浄土へと往生する念仏を実践します。出家者も在家者も問わずに集まった慧遠による念仏結社・白蓮社《びゃくれん》は、中国浄土仏教の起点となりました。

中国浄土仏教は弥勒の兜率天系統と阿弥陀の西方浄土系統が並行して展開したものの、やがて阿弥陀仏の浄土信仰が圧倒的主流となっていきます。どうして阿弥陀仏の浄土へと、特化していったのでしょうか。仏教学者の塚本善隆によれば、未来仏である弥勒の兜率天では数億年の修行が必要となるが、現在仏たる阿弥陀仏の浄土はすべての衆生が等しく救われることが強調されたためだろう、ということです。

こうしてざっと概観しただけでも、「浄土信仰なしに大乗仏教は成立しない」ことがわかります。浄土への願生は、アジア各地域の来世観や死生観を下支えしてきました。それは、さまざまな土俗の宗教さえも仏教へと取り込むメカニズムであったと言えるでしょう。

それでも、浄土仏教は、仏教体系において、常に脇役でした。仏教のメインラインは、あくまで出家者が修行することで開悟へと至るところにあります。しかし、浄土仏教は在俗の庶民に提示された仏道なのです。

ちなみに、日本仏教は「ガウタマ・ブッダの仏教」というよりは、「ナーガールジュナの仏教」と考えた方がいいかもしれません。ナーガールジュナは「空」の論理を展開した南インドの僧で、この人物によって大乗仏教は壮大な思想体系を有することとなりました。第二のガウタマ・ブッダと言ってもよいでしょう。仏僧としてだけではなく、人類の思想史上においても特筆すべき人です。

阿弥陀仏とは何か

次に阿弥陀仏信仰を点検してみましょう。

阿弥陀仏の起源も諸説あって特定することはできませんが、外来説と内在説に大別することができるでしょう。

外来説とは、仏教体系の外側から阿弥陀仏が入って来たという見解です。ゾロアスター教のアフラマズダーという神が起源であるという説や、ヒンドゥー教の西方守護神ヴァルナ信仰やヴィシュヌ神信仰である説などが有名です。

一方の内在説では、原始仏教経典における大善見王《だいぜんけんおう》神話や生天《しょうてん》思想などに阿弥陀仏の起源を読み取ります。

阿弥陀仏には、「ある国の王子でありながら出家した法蔵比丘《びく》が、すべての衆生を救う誓願を立てて、悟りを開いて阿弥陀仏と成った」という成道ストーリーがあります。これはそのままガウタマ・ブッダの生涯と重なっています。つまり、阿弥陀仏には永遠化されたガウタマ・ブッダが投影されているというわけです。

今から二千五百年前、北インドで生まれたガウタマ・シッダルタは悟りを開いてブッダ（目覚めた人）と成りました。彼は、「縁起の法を知り、執着を捨てて、安寧な境地へと達する」という仏道を説きました。この仏法が広範囲の地域へと拡大するにつれて、多様な信仰が混交し、民衆の宗教的欲求が盛り込まれた結果、「この世界に満ち満ちる限りない光（アミターバ）と限りない生命（アミターユス）の働き＝阿弥陀仏」を成立させたのです。阿弥陀仏は、大乗仏教における受容の象徴だと言えるでしょう。

仏教は智慧と慈悲の獲得・実践の道ですが、浄土仏教は、智慧による悟りよりも、仏の慈悲による救いに重心があります。浄土はこの世界を相対化する世界であるとともに、受容の世界なのです。同時に阿弥陀仏は、私自身を相対化するとともに、私を受容してくれる働きそのものです。

阿弥陀仏は、「我が浄土へと生まれたいと願って念仏する者は、すべて我が浄土へと生まれることができる。もし生まれない者がいれば、私は阿弥陀仏とは成らない」と誓った仏です。

阿弥陀仏や西方浄土を説く仏道は、凡人のため、あるいは愚鈍の者のため、さらに言えば善人の道を歩めない者のためにあります。ブッダのような人類史上出るか出ないかという宗教天才とは違って、在俗の凡人・愚鈍の者が苦悩の人生を生き抜き、死に切るためには、宗教的受容という世界がなければならないと私は思います。社会の価値観とは異なる宗教的価値体系によって受容されることで私たちは救われるからです。

実は、ここに宗教のキモがあります。例えば、イエス・キリストは「貧しい人、飢えている人、泣いている人、憎まれ迫害されている人は幸いである。富んでいる人、満腹している人、笑っている人、祝福されている人、その人たちはわざわいである」と語っています。

このような、社会通念とは別モノである方向性を、私は「宗教的逆説性」と呼んでいます。「宗教的逆説性」は、私たちの日常を揺さぶります。そのプロセスを通して、私たちは自らの生き方を点検することができます。

《阿弥陀二十五菩薩来迎図》　知恩院

「念仏」とは何か

日本浄土仏教では、「念仏」が軸となっています。

念仏と言えば、南無阿弥陀仏と称《とな》える「称名《しょうみょう》念仏」をイメージしがちですが、もともとは「仏を念ずること」を指します。

大乗仏教成立以前から、「一心に仏を念ずる」という宗教的行為は実践されていました。例えば、大乗仏教よりも古い成立である仏典『ミリンダパンハ』では「百年間、悪を為した者であっても、念仏すれば生天することができる」と述べられています。この場合の念仏とは仏を念ずることであり、生天とは天の世界に生まれることです。ここには、念仏によって、在家仏教者の目指すところである天界に生まれることが説かれています。輪廻からの脱出である解脱は出家仏教者しか成就できません。そこで在家仏教者は戒を守り、功徳を積むことで、生天を目指すわけです。仏教ではかなり早い段階で、悪を行ってしまっても念仏で救われることを説いていたのです。

『ミリンダパンハ』は、紀元前二世紀後半、現在のアフガニスタンやインド北部までを統治したギリシャ人の王であるメナンドロス（ミリンダ）と、インド人の仏教者ナーガセーナとの問答が記されている仏典であり、そこには東西の宗教思想が習合した結果を読み取ることも可能です。とても興味深い経典だと言えるでしょう。ただスリランカ上座部仏教では仏典群の中にこの経典を含めない立場のようです。ビルマ上座部仏教では、仏典に含めています。

さて、初期仏教において「仏を念ずる」というものであった念仏は、大乗仏教において「般舟三昧《はんじゅざんまい》」（禅定《ぜんじょう》に入って、仏を見る）へと展開します。最初期の大乗仏典である『道行般若経』には阿閦仏への念仏が、『般舟三昧経』には阿弥陀仏への念仏が説かれています。初期大乗仏教では、念仏による三昧の境地が重要な軸として考えられていたことがわかります。

同時に、大乗仏教では「仏を讃嘆《さんだん》する」「仏の名を称える」といった実践も強調されるようになります。これを称名念仏の系譜に位置付けることも可能でしょう。ただ、称名念仏は、どちらかといえば一番低レベルの念仏といったポジションとして語られています。

つまり「念仏」とは、文字通り「仏を念ずる」ことによって観仏という三昧の境地へと入る宗教体験から、仏の名を称えるという誰でも可能な行為まで、多くの意味を含んだ仏道だったわけです。

仏道の脇役から主役へ

このように、浄土仏教はさまざまな流れが織りなす体系であり、源流を明確に特定することは困難ですが、それぞれの要素の系譜をある程度たどることが可能です。そして、主旋律の仏道に対して、常に脇役の位置にありました。

阿弥陀仏、浄土、念仏、法蔵菩薩など、いくつかの重要パートによって編み上げられた浄土仏教は、中国仏教によって整理され、ひとつの壮大な体系へと至ります。

中国仏教においては、慧遠の「廬山慧遠流」、慧日《えにち》の「慈愍三蔵流《じみんさんぞう》」、曇鸞《どんらん》・道綽《どうしゃく》・善導の「道綽・善導流」などの念仏系統が確立しますが、その中で「道綽・善導」の系統を選び取り、浄土仏教の仏道をひとつの宗教体系へと昇華した人物こそ法然です。

法然は、それまでずっと脇役であった浄土仏教を主役へと転換させました。脇役にスポットライトをあてて、仏教という舞台の中央へと引っ張り出したのです。なぜ法然はそのような大胆な「仏教の脱構造—再構築」を行ったのでしょうか。それは、従来の仏教の枠組みからこぼれる人のためです。

次章では、法然浄土仏教を学ぶところから始めましょう。

第一章　法然　仏教の解体と再構築

日本仏教のキーマン

序章では、浄土仏教を「凡人のための仏教」と述べました。仏教の枠組みで言うならば、出家者ではなく在家者の仏道です。そもそも、在家における仏教者の在り様は、大乗仏教にとって大きなテーマでした。菩薩や仏弟子を上回る境地に達している在家者、維摩居士《ゆいまこじ》が登場する『維摩経』などは、その典型のひとつでしょう。

しかし、日本浄土仏教では、凡人の中でも特にダメな人、すなわち「愚者の仏道」「悪人の仏道」が開示されます。人を傷つけずには生きていけない者、ウソをつかねば生きていけない者、自分ひとりでは生きていけない者、この者のためにこそある仏道です。

日本仏教の特徴として、「宗派仏教」「半僧半俗の形態」「寺檀制度」「葬式仏教」などを挙げることができると思います。そしてこれらの特徴のいくつかは法然を契機にしています。まさに法然は日本仏教のキーマンであると言えるでしょう。

その法然は、長承二年（一一三三年）、美作国《みまさか》（現・岡山県）久米南条の武士漆間時国《うるまときくに》の子として生まれました。九歳のとき、時国と対立していた明石定明の夜襲を受けて、父を失い、その後出家しています。臨終の際、父は「お前が仇を討てば、憎しみの連鎖が続く。敵を憎むことをやめて出家せよ。敵さえも救われる道を求めよ」と語ったとされています。最初は美作の菩提寺で修行しましたが、とても聡明な子供だったので、師であり、叔父でもあった観覚の勧めで比叡山に行きます。

《法然上人像（隆信御影）》 知恩院

十三から十五歳あたりで比叡山に登り、源光・皇円について教えを受けた後、西塔黒谷《くろだに》の叡空のもとで修行し「法然房源空」と号しました。叡空は、名利を避けて隠遁する聖《ひじり》と呼ばれる僧でした。そして十八歳の法然も隠遁の道を選んだのです。黒谷という場所で世俗を断ち切って求道しました。法然にとって、苦悩の日々だったことでしょう。

進むべき道を求め続ける法然は、南都（奈良仏教）でも学び、一切経を読むこと五回、「智慧第一の法然房」と称せられるほど学問に打ち込みました。しかし、それでも自らの方向性に迷い、精神の彷徨を長く経験しています。

そして、ついに四十三歳で法然は、善導（六一三—六八一）による「散善義」の一文に出会い、専修《せんじゅ》念仏の道を選び取ります。そして比叡山を離れ、東山の吉水に草庵を結び、広く老若男女に念仏の教えを説きました。法然は、九条兼実や証空・隆寛・弁長などの名だたる門弟を数多く育てており、教育者としても一級の人物であったことがわかります。

六十六歳の時には、九条兼実の依頼によって『選択本願念仏集《せんちゃくほんがんねんぶつしゅう》』（以降は『選択集』と略）を撰述しており、この書の成立によって浄土宗が開創したとされています。

法然教団の隆盛に伴い、それを危険視する声が上がります。法然七十二歳の時、比叡山延暦寺の衆徒が座主の真性に念仏停止《ちょうじ》を求めます。これに対して法然は『七箇条起請文』を提出することによって事態を収拾します。しかし翌年、今度は南都の興福寺が「興福寺奏状」によって朝廷へ訴えます。

結局、法然は七十五歳という高齢で土佐国（現・高知県）に流罪となります。死罪になった弟子もおり、門弟である親鸞も流罪となります。法然は流罪になる途中で遊女に教えを説くなど、自らの姿勢を貫いています。実際には土佐まで行かずに、讃岐（現・香川県）に住することができたようです。放免されて、しばらく摂津（現・大阪府）の勝尾寺にとどまった後に帰洛。その直後に往生しています。

法然門下は、いくつかの流れをつくり出します。たとえば、信空の「白川門徒」、湛空の「嵯峨門徒」、源智の「紫野門徒」、親鸞の「大谷門徒」、後述する隆寛の「多念義」、幸西の「一念義」もあり、現在の浄土宗を形成する弁長の「鎮西義」や証空の「西山義」、他にも長西の「九品寺流」などもありました。これらを四門徒五義と呼んだりします。

法然の説いた教えは、とてもシンプルなものでした。

それは「自らの力で悟りを開くことができない者も、口に南無阿弥陀仏と称え、阿弥陀仏にすべてをおまかせすれば、阿弥陀仏の『すべての存在を救う』という誓願の力で必ず浄土に往生して仏と成れる」といったものです。

法然は「修行できる人、智慧を得て慈悲を実践できる人、それはすばらしい。そしてそのことを説いた仏典は間違っていない。しかし、私のような愚鈍の者にはとても歩める道ではない。私には専修念仏の道しかない。すべてを捨てて、ただ専修念仏の道だけを選びとります」という態度を終始崩していません。ここにおいて、もともと出家仏教的立場と在家仏教的立場とがパラレルであった大乗仏教において、在家の中の悪人が救われる浄土仏教が完成します。

厳しい批判の意味

宗教学者の町田宗鳳は、法然を「日本の宗教革命を成し遂げた人物」と評しています。また、同じく宗教学者の阿満利麿《あまとしまろ》は、法然の主著『選択集』を「日本の宗教史上、もっとも革命的な内容であるばかりか、世界の宗教史においても、まれに見る、ラディカルな救済思想を展開している」と述べています。確かに法然の影響がどれほど大きいかは、その後の日本仏教を見れば一目瞭然です。法然によって、日本仏教における出家者のあり方や、戒律に対する態度、修行の体系などが大きく変貌します。もちろん、法然がいなければ、親鸞も一遍も存在しません。法然は日本仏教の流れを変えた人物です。そして、それだけに厳しい非難も受けた人物でした。

法然をより理解するために、彼に対する批判を見てみましょう。
中世の聖僧・明恵《みょうえ》房高弁上人（一一七三―一二三二）は、

「ここに近代上人有り、一巻の書を作り名づけて選択本願念仏集といふ。経論《きょうろん》に迷惑し、諸人を欺誑《ぎきょう》す。往生の行を以つて宗と為すと雖《いえど》も、反つて往生の行を妨ぐ」（『摧邪輪《ざいじゃりん》』）
【最近、法然上人という方がいて『選択本願念仏集』を著述した。経典も論釈書も曲解して、世間の人々を惑わしている。浄土に往生する宗派を成立させたが、逆に浄土仏教の妨げとなっている】

『選択集』に展開する主張が、全く仏教には非らざる邪道であると酷評しています。
また、日本に臨済宗を伝えた栄西《えいさい》（一一四一―一二一五）は、次のように述べています。

「然れば則ち八宗の行処区別すと雖も、証位に至るに必ず禅を用ふ。乃至《ないし》称名念仏の行も、禅に非ずば順次の業を成ぜ不《ざ》る也」（『興禅護国論』）

【南都六宗・天台・真言、それぞれ立場に違いはあっても、悟りを開くにはかならず禅を実践する。法然が言うようにただ称名念仏だけで仏道を成就するなど有り得ない】

日本曹洞宗の開祖・道元（一二〇〇―一二五三）は、

「又読経念仏等のつとめにうるところの功徳を、なんぢしるやいなや、ただしたをうごかし、こゑをあぐるを、仏事功徳とおもへる、いとはかなし。仏法に擬するに、うたたとほく、いよいよはるかなり」（『弁道話』）

【法然という人物は、読経や念仏の功徳についてきちんと理解しているのか。ただ舌を動かして声を出して称名するだけで功徳であると思っているのは間違っている。それは仏教からは遠く離れた道である】

栄西も道元も、いかに仏教が様々な宗に分かれていようとも、ただ念仏するだけの仏教などない、と批判しています。

仏教という宗教の特質を考えれば、これらの批判は当然でしょう。本来は修行の一補助手段であった念仏を、しかも称名念仏だけを選択して、他の行は捨ててしまうのですから。

仏教の脱構築

さまざまな批判に苦慮しながらも法然は、どのような人も称名念仏によって救われるという仏道を説き続けます。「阿弥陀仏の本願である称名によって浄土に往生する」こと以外すべての要素を捨てよとさえ言い放ちます。

「ただ往生極楽のためには南無阿弥陀仏と申して、疑ひなく往生するぞと思ひとりて申す外には別の子細候はず」(『一枚起請文』)

【極楽浄土へと往生するためには、南無阿弥陀仏と称える、間違いなく往生するという信心で称える、それ以外に特別なことは何もありません】

「現世をすぐべき様は念仏の申されん様にすぐべし。(中略)何事もみな念仏の助業《じょごう》也」(『禅勝房伝説の詞』)

【この世を生き抜くあり様は、称名念仏ができるような暮らしをすること。(中略)す

べては念仏の補助手段なのです】

さらには次のように語ったとされています。

「凡そ仏教多しといへども、所詮は戒・定・慧の三学に過ぎず。(中略)然るに我が此の身は戒行においては一戒をも持たず、禅定においても一もこれを得ず、智慧において断惑証果の正智を得ず。(中略)ここに予がごときは、すでに戒・定・慧の三学の器にあらず」(弁長『徹選択集』)

【どのような仏教体系も、突き詰めれば戒―定―慧の三学となります。(中略)しかし、私のようなあさましい身では、とてもひとつの戒さえも保つことはできません。禅定でひとつの悟りを得ることもできない。悟りの智慧を獲得することもできません。(中略)私などはとても戒―定―慧の三学を実践できる器ではありません】

仏教思想の基礎構造であった「戒―定―慧」を否定するということは、道元が言うように「もはや仏教ではない」と批判されても仕方がありません。「戒―定―慧」は仏道を端的に表す項目です。

我々は通常、「惑―業―苦」の連鎖で暮らしています。執着である「惑」、その執着によって生じる行為の「業」、そして業によって「苦」が発生します。それを「仏教の教えを守って暮らす（戒）」「身心を調える（定）」「自分の都合がなくなる（慧）」の三学のプロセスへと転換するのが仏教という宗教です。ところが、法然は「私は三学を修することなどできない」と言い切っています。

これらの言説から、法然仏教が法然の主体的な取捨選択という意味だけに止まらず、仏教という宗教自体の読み換えであることがわかります。「その内部にとどまって土台をゆるがせ、新たな可能性を目覚めさせる」というジャック・デリダ（J. Derrida　一九三〇―二〇〇四）の概念に従えば、法然の思想は、「仏教の脱構築である」と捉えることもできます。

法然の仏教再構築の営為は、「戒―定―慧」構造から疎外される存在のためです。従来の仏教からこぼれてしまった衆生のために仏教を解体―再構築する、ここに法然の意図があったことは明確です。

考えてみれば、大乗仏教は常に上書きを続ける仏教です。たとえば、どんなにいい社会制度を作っても、そこからこぼれる人は必ずいます。最新の社会福祉制度も教育制度も、必ずそこから疎外される人がいるわけです。だからこそ、制度やシステムのあくなき上書きを続けなければなりません。それと同様に、ある枠組みからこぼれる人のためにその枠をはずしては再構築を繰り返し続ける、大乗仏教とはそういう性格をもった仏教ではないかと思うのです。そして、そこにこそ大乗仏教のユニークな特性があるのではないでしょうか。

大乗仏教は、中国、日本、チベット、ヴェトナム、台湾など、その土地ごとの習俗や土俗の宗教をも取り込んで、それぞれ特徴的な展開をしています。それも宗教のダイナミズム（動的活動）でしょう。常に枠組みを見直し続ける、自ら問い続けることをやめては大乗仏教の生命線は断たれる気がします。

とにかく、法然という人物は、宗教学の類型で言うなら、本来「悟り型宗教」であった仏教を、「救い型宗教」へと再構築してしまったのです。

「悟り型宗教」と「救い型宗教」という類型は、この後も繰り返し使いますので、ここで少し説明しましょう。宗教学には宗教類型という分類法があります。一神教と多神教の分類はよく知られているところです。私は一神教と多神教という宗教類型は弊害が多いと考えています。一神教の「神」と、多神教の「神」がかなり相違するので、並列にすると誤解を生みやすいからです。ただ、一神教と多神教とをパラレルに配置して比較するのではなく、個別の宗教の性格を表す場合は有効だと思います。

そのようなわけで、本書では、「悟り型宗教」「救い型宗教」「つながり型宗教」という類型を使うことにしました。修行によって自らを変容させることを目指すタイプの宗教を「悟り型」、信仰によって超越者に救われる形態の宗教を「救い型」、共同体をつなげる役目を果たす宗教を「つながり型」と呼びます。たとえば、仏教は「悟り型宗教」、キリスト教は「救い型」、神道は「つながり型」などと分類することが可能です。類型論は、細かい議論を見えなくしてしまう陥穽をもっていますが、その宗教の性質を大雑把に把握するときには便利です。

興福寺奏状による非難

次に貞慶が起草した「興福寺奏状」を紹介します。「興福寺奏状」は、九つの問題点を挙げて法然教団を非難しています。

第一に新宗を立つる失
第二に新像を図する失
第三に釈尊を軽んずる失
第四に万善を妨ぐる失
第五に霊神に背く失
第六に浄土に暗き失
第七に念仏を誤る失
第八に釈衆を損ずる失
第九に国土を乱る失

第一の非難は、官による認可なしに新しい宗派ができていることに対するものです。法然教団が、庶民の支持によって興隆したことがわかります。法然は初めて浄土仏教をひとつの宗派として確立した人物です。『選択集』では、新羅《しらぎ》の傑僧・元暁《がんぎょう》の文章を引いて、「浄土宗の意《こころ》、本《もと》凡夫の為なり、兼ねては聖人の為なり」と述べています。浄土宗の仏道は凡夫が主役であるというのです。この「本為凡夫、兼為聖人」という言葉から、浄土宗の基本的な性格を見てとることができます。この立場は必然的に悪人正機、善人傍機の論を立てることへとつながります。すなわち、悪人こそが救いの対象であり、その次が善人という論です。阿弥陀仏は、まず、自分で泳げない人を真っ先に救う、でも泳げる人も救う、そんな感じです。

第二は、専修念仏者だけが救われている阿弥陀図像を制作したことを非難しています。

第三の非難は、ただ阿弥陀仏のみをよりどころとするために、釈尊を軽んじたこと。

第四は、念仏のみを選びとって、他の修行や善根を否定していることを批判しています。

第五は、念仏者が神々への信仰を捨てる点が問題だとしています。貞慶は、春日神を釈迦の垂迹と考えるなど本地垂迹《ほんじすいじゃく》説の立場に立っていましたので、このような批判となったのでしょう。第六には、浄土仏教がきちんとわかっていないと批判しています。浄土往生の道として称名念仏だけを選び取るなどということは、とても認めるわけにはいかなかったのですね。

第七では念仏を間違えて捉えていると批判しています。すでに述べたように、観仏こそが優れた念仏であるとする立場から見れば、称名念仏は劣ったものとなります。第八の批判は、法然の教えは仏教者を損なう問題を抱えているということです。賭博や結婚や肉食さえも往生の妨げとならないなどとはケシカラン、仏教が台無しじゃ、と憤っています。そして、第九では「仏法と国法とがうまくやっていかねばならないのに、専修念仏のやつらは国を乱す原因となってしまう」と懸念しています。

ここには興福寺側の誤解や過剰反応も含まれていますが、「興福寺奏状」は法然の教えの特徴を知るためにはいい手がかりになります。

明恵による法然批判

さらにもう少し詳細に法然批判を取り上げてみましょう。法然批判で最も精緻なものは、明恵による立論だと思います。

明恵は四十歳の時に『摧邪輪』を著して『選択集』を厳しく批判しています。法然没後、十か月ほどのことです。

紀州の地方武士・平重国の家に生まれた明恵は、法然よりも四十歳年下で、親鸞と同い年です。平家につかえた湯浅一族出身である母が薬師如来に願をかけて生まれたことから、幼少時は薬師丸と呼ばれたようです。幼い頃から美貌の持ち主で、それが仏道の妨げになると考えた明恵は、自らの顔を傷つけようとしたり、焼け火箸で顔を焼こうと試みたりしており、後年には自らの耳を削ぎ落しました。痛みで驕りや怠惰を諫《いさ》め、仏道を歩み続けたのだとも言われています。とにかく真摯な性格であったようです。

幼くして両親を亡くした明恵は、叔父である上覚を頼って九歳で京都神護寺へと入寺しました。上覚の師は、政治にも積極的に関わった真言僧・文覚《もんがく》です。激しい求道心を発揮して、学問と瞑想の実践に明け暮れます。

明恵は戒律を重視することで仏教を変革しようとしました。貞慶や叡尊も同様です。明恵は華厳宗を足がかりとして、貞慶は法相宗《ほっそう》、叡尊は真言宗、栄西は天台宗において、戒律遵守による仏教改革を目指したのです。その意味において、この人たちは法然とは正反対の方向を向いていました。しかし、「真の仏教とは」という問いは共通していたと思います。一般に鎌倉時代の仏教と言えば、法然や道元や日蓮などの仏教ニュームーブメントばかり取り沙汰されますが、実はこの時期に既成仏教教団もかなり変貌しています。明恵もその一翼を担っていたんですね。

また、明恵は上覚に和歌の手ほどきを受けており、後には「月の歌人」とまで評されることとなります。有名な「あかあかや　あかあかあかや　あかあかや　あかあかあかや　あかあかや月」などの歌には、明恵の類稀れな感性が発揮されています。すごい言語感覚だとは思いませんか。

真言密教や華厳思想を学んだ明恵は、二十三歳で神護寺を離れ、紀州湯浅に隠遁しています。二度もインドへの渡航を試みるなど、ブッダへの思慕は強いものがあったようです。その後、高山寺へと移った明恵は、あるべき仏教の姿を求め続けながら、六十年の生涯を閉じました。

さて、明恵による『選択集』批判の論点は、基本的に次の二点であると言えます。

①菩提心（悟りを求める心）を否定した。
②聖道門《しょうどうもん》（修行して悟りを開く仏道）を非難した。

この二点を軸に、明恵は法然を厳しく批判します。菩提心や仏道修行が第一義ではないとするならば、もはや仏教は成り立たないと明恵は言います。また、確かに『選択集』を読むと、そのような言説が語られています。

この点について、少し考えてみましょう。明恵は厳しく非難しましたが、『選択集』を精読すれば、「浄土を願生する者の菩提心」を説いていることがわかります。法然は決して菩提心を否定していたわけではありません。菩提心を否定していたのではなく、菩提心よりも優先すべきもの、本質的なものとして「念仏一行」を前面に押し出して浄土仏教思想を読み換えたのです。法然にとって念仏は、菩提心さえ超えるべき必然性をもつものであったに違いありません。その点では明恵の批判通り、法然は浄土往生には菩提心は絶対条件ではないと考えていたと言えそうです。

　では、なにゆえ法然は「菩提心は必須ではない」としたのでしょうか。

　それはやはり、ただ念仏だけという軸によって従来の仏教の枠組みを外し、大衆の仏教への再構築を意図していたからに他なりません。

　また、法然は独特の菩提心観をもっていました。「菩提心には各種の別がある」というものです。

「発菩提心、その言《ことば》一なりといへども、各々その宗に随ひてその義同じからず。（中略）諸の往生を求めんの人各須《すべか》らく自宗の菩提心を発《おこ》すべし」（『選択集』）

　一口に菩提心といっても様々であるから浄土仏教者は浄土仏教者の菩提心を起こせ、

と述べています。このような菩提心の解釈に対して明恵は、「分位の不同ありと雖も、その心体、差別なきなり」（『摧邪輪』）と述べて、宗派によって形態が違っても菩提心は同一であるという見解を示しています。

明恵は、法然思想は二者択一・二項対立的構造であることを喝破して、それを否定します。明恵が法然思想の本質をきちんと把握していたことがよくわかります。

さらに、明恵の批判は非常に戦略的であり論理的です。なにしろ、法然を批判するのに、善導の著作を再三引用するのですから。善導は、法然が全面的に依拠した人物ですからね。その善導の文章を使って批判を試みるところに明恵の卓抜した知性を感じます。

一例を挙げると、明恵は「菩提心はすべて同一ではあるが、行者のプロセスにおいて四種ある。その中で善導が示しているのは〝縁の発心〟である」と述べています。「善導は人間の資質によって九種類に分類（九品《くぼん》）しているが、その九種類すべて凡夫であるとしている」「善導はあらゆる衆生を修行の前段階であると把握した上で、出家・在家の人々はおのおの菩提心を起こせと呼びかけている」と善導の思想を紹介した上で、ゆえに善導の語る道は〝縁の発心〟なのであると定義づけ、そのことを法然は理解できていないと批判します。

このような明恵の浄土仏教思想理解は、菩提心を前提としたスタンダードな仏教であることがわかります。明恵は、浄土仏教も「戒―定―慧」や「信―行―慧」、あるいは「教―行―証」という仏道のプロセスに立脚していなければならないと力説します。この場合の「信―行―慧」や「教―行―証」は、前述の「戒―定―慧」と同様と考えてください。

つまり明恵は、仏教の構造上から見ても善導は大前提である「信」としての「発心」つまり「菩提心」を設定しており、法然の「ただ念仏」の主張は誤りであるとしているわけです。法然の専修念仏には、仏道の出発点である悟りを求める心がない、すべては称名念仏ひとつというのであるなら、善導の意図した縁発心でもなければ、行発心でもない、と述べています。

二河白道の譬え

批判の②は、善導の「二河白道《にがびゃくどう》の譬え」を法然が重視していた点を問題にしたものです。善導の主著『観経四帖疏《かんぎょうしじょうのしょ》』に「二河白道の譬え」が述べられています。善導自身、「この話は浄土に往生しようとするすべての人に対して、信心の確立が理解しやすいように説くのである」と書いています。
それは以下のような例話です。

ある人が西に向かおうとしたら、突然目の前が開けて、左手にはすべてを焼き尽くすような火の河、右手には荒れ狂う大波が寄せる水の河があることに気づく。よく見ればその二つの河が激突している中に、一本の白い道がかすかにある。まわりには誰もいないし、とてもこの道を歩いていけるとは思えない。立ちすくんでいると、その人に向かって大勢の賊や飢えた猛獣たちが襲ってくる。前にも進めない、後戻りもできない、立ち止まっていることもできない、死は必定の限界状況である。どうせ死ぬならこの道を歩もう、そう決心したとき、その人は声を聞く。西のほうからは「来い」、東のほうからは「行け」の声である。その人はその声に従って、無心でその道を渡る——。

この「二河白道の譬え」は、浄土仏教者の仏道を巧みに表現したことで古来重視されてきました。「来い」の声の主は阿弥陀仏、「行け」の声は釈尊です。この中で仏道を歩む者の障害として群賊・悪獣が出てきます。本文を引用しましょう。

《二河白道図》　香雪美術館

「(群賊・悪獣詐り親《そし》しむ)といふは、すなはち衆生の六根・六識・六塵・五陰・四大に喩ふ」(「散善義」)

【襲いかかってくる群賊や悪獣というのは、衆生の身心を構成するものの喩えです】

この群賊・悪獣は身心を構成する要素の比喩であり、それは煩悩を生み出すものであると、善導は書いています。法然もその通りに引用しており、決して聖道門を群賊・悪獣に例えているわけではありません。しかし明恵は『選択集』の内容から法然の意図を読み取れば、聖道門とこの群賊・悪獣を同一視していることがわかると非難しているのです。

確かに、善導は二項対立的に浄土門と聖道門を捉えており、法然はそれをさらに展開して、一元化傾向の強い仏教を、二項対立的に解体—再構築しました(六十二ページ参照)。それが明恵の批判②へとつながるわけです。明恵は、これでは本来の仏教である「念仏の道」が法然によって別のものになってしまう、『選択集』の過ちイコール念仏が過っているという誤解につながるのではないか、と懸念しています。明恵は従来の念仏を熟知した上で、法然の念仏に疑義を提示したのです。

「遂に一味の法雨に甘鹹《かんかん》の味を分かち、和合衆僧に不同の失を成さしむ」（『摧邪輪』）

ついには同一の味であるべき仏法を、「甘い／辛い」に二分してしまうと批判しています。これは法然思想の本質を見抜いたなかなかうまい批判です。

すべてを同一化していく一元的な立場こそが本来の仏教であるはずなのに、それを法然は二元的体系に再構築してしまっている。さらにはその中で取捨することを骨子とするのが法然の思想である。それは仏教を破壊するものである。このような理路で、明恵は法然を痛罵します。

明恵の批判は単なる風評や偏見に基づいたものではなく、法然思想と自らが求める仏道とを比較検討した誠実なものでした。

実際、法然浄土仏教は、あたかも選択的一神教とでも表現すべき形態です。一神教とは、唯一にして絶対なる創造主である神を中心とした宗教体系であり、他の神は否定されます。でも、さまざまな体系がある中、自ら唯一の道を選び取り、他の道を捨てるという形態も一神教的性格を有します。だから選択的一神教と呼んでみました。これはスタンダードな仏教とは、ずいぶん相違しています。

それにしても、なぜ弱者の宗教は一神教的になるのでしょうか。明恵をはじめとした法然批判はすべて、法然が「自ら発心・修行して悟りを開くことができない者のための仏道」を説いたことに起因しています。宗教人類学的に見れば、弱者の宗教は「ただひとつを選び取り、他の要素を捨てる」という姿勢へと傾斜する傾向にあります。つまり、それこそ、何ももたざる者が苦悩の人生を歩み抜く道だからです。

日本仏教の再構築

先ほども述べたように、法然は「悟り型宗教」を「救い型宗教」の構造へと転換しました。宗教的弱者である人々が救われる道こそ、称名念仏の仏教だったわけです。この法然の仏教再構築によって、社会的に疎外されがちな存在や従来の習俗が揺さぶられることとなります。

「百四十五箇条問答」における法然の姿勢を見てみましょう。この問答集には、法然と法然のもとに集まった人々とのQ＆Aが掲載されています。その当意即妙の応答は秀逸です。法然の真骨頂はここにある気がします。

「一。にら（韮）、き（葱）、ひる（蒜）、しし（鹿）をくひ（食）て、かう（香失）せ候はずとも、つねに念仏は申候べきやらん。

答。念仏はなににもさはらぬ事にて候。」

【問い。ニラ・ネギ・ニンニク・鹿肉などを食べて、その匂いが残っていても常にお念仏申すべきなのでしょうか。

答え。お念仏はどのようなものも障害にはなりません】

「一。七歳の子しに（死）て、いみ（忌）なしと申候はいかに。

答。仏教にはいみ（忌）といふ事なし、世俗に申したらんやう（様）に。」

【問い。幼い子を亡くしても（注 当時の服忌規定では七歳以下の子供は両親だけが服忌や服喪をすればよいとなっていた）、忌みはないとおっしゃるのは？

答え。仏教に忌みはありません。習俗です】

「一。子うみ（産）て、仏神へまいる事、百日はばかりと申候は、まことにて候か。

答。それも仏法にいまず。」

【問い。出産して百日は仏神に参拝することが憚られると言いますが、本当でしょうか。

答え。それも仏教にはありません】

「一。厄病やみて死ぬる物、子うみ（産）て死ぬる物は、つみ（罪）と申候はいかに。

答。それも念仏申せば往生し候。」

【問い。厄病で死ぬ者、出産で死ぬ者は、罪であると言いますが？

答え。お念仏申せば、すべてお浄土へと往生いたします】

そもそも仏教に「忌み」ということはない、また念仏はいかなる障害にも勝る、と説いています。それまで不浄という観念に縛られていた大衆の呪縛を解き放つような明快な応答です。

法然は、仏教を捉えなおすことにより、日本仏教と融合している様々な非仏教的要素を排除しようとしました。これは平安仏教的方向性へのカウンターでもありました。平安仏教的方向性とは、この時期の密教がもたらしたオカルティズムや呪術的性質、そして神道や山岳信仰などと習合したシンクレティズム（さまざまに習合した信仰形態）的性質を指します。

平安時代には、生霊や死霊や怨霊などを鎮める修験者たちが登場したり、死霊を鎮める御霊会が起こるなど、宗教による神秘的な力や祈禱が大きく展開します。『日本三代実録』によれば、祟りを鎮める御霊会が最初に行われたのは貞観五年（八六三年）です。この頃に祇園祭も始まるのですが、これも疫病などを祟りだと考えて、その御霊を鎮めるためでした。だから祇園祭は夏祭りです。秋祭りは農耕儀礼なのですが、夏祭りは都市部に起こる夏の疫病と関係があります。祇園は、スサノオや、牛頭《ごず》天王や、薬師如来などが重層した信仰です。このように、仏教や神道や道教や土俗の信仰などが融合していったのですね。貴族の政権争いの結果、怨みや祟りを恐れるメンタリティが増大したこともあったでしょうし、密教が登場したことも大きかったでしょう。密教はどのような信仰も飲み込むだけの強靭な胃袋をもっていますから。

従来語られてきたように、必ずしも平安時代の仏教と鎌倉時代の仏教が断絶しているとは思いません。この点は、末木文美士《ふみひこ》が丁寧に考証しているので、末木の著作などを読むといいでしょう。平安の仏教を再評価すべき点も数多くあります。ただ、法然が平安の祈禱念仏や呪術的念仏を転換しようとしたことは確かです。法然は、念仏にくっついていた雑多な概念を削ぎ落していくことで、仏道としての念仏を確立します。

とにかく、日本仏教は、法然によって根底から再構築を促された、といっても過言ではありません。法然を契機とした仏教純粋化運動は、多方面に波及しました。これが、いわゆる鎌倉新仏教です。

また法然思想は、単に浄土仏教における一到達地点というだけではありません。死や祟りや穢れを怖れる習俗や土俗信仰に対して、シンプルかつピュアで実践的な法然の念仏は、それ以後の日本仏教の在り方に大きな影響をあたえました。これから登場する親鸞や一遍の宗教思想も、法然がもたらした転換を視野に入れながら点検しなければ、それぞれの特質を見誤ることになります。法然の「ただひとつの道を選び取る」という宗教的決断に立脚した仏教が、鎌倉新仏教の性格である「唯一・専念」方向を決定づけたのです。

法然の信心

法然は、念仏という実践行為を軸に、おのれの仏道を構築しました。では、法然の「信」とはどのような性格をもったものだったのでしょうか。各人の「信」が本書のテーマですから、ここを探らねばなりません。

法然の「信」の特性を挙げるならば、「疑い無きこと」であろうと思われます。

「信とはうたがひに対する心にて、うたがひをのぞくを信とは申すべきなり。みる事につけても、きく事につけても、その事一定ぞとおもひとりつる事は、人いかに申せども不定《ふじょう》におもひなす事はなきぞかし。これをこそ物を信ずるとは申せ、その信のうへに歓喜なんどもおこらんは、すぐれたるにてこそあるべけれ」(『往生大要鈔』)

【信とは疑に対する心です。疑いを除くことを信じると言うべきでしょう。見ること、聞くこと、すべてを「間違いない」と信じられれば、他人がどう言おうとも迷うことはありません。これを信じると言います。そして、その信に喜びが伴っていれば、とてもすばらしいことです】

このように法然は、「信」と「疑」を二項対立図式で説明しています。つまり法然における信心の性格とは「いかなる煩悩罪業を抱えた者であっても、阿弥陀仏の本願によって必ず往生を得ると決定《けつじょう》して疑わない」ことであったわけです。凡人、愚者、罪人《つみびと》にとって、念仏こそが唯一の道であると、自己の全存在をもって選び取り定まった状態。これです。

善導が重視した『観無量寿経』では、信心の諸相を「三心」で表しています。このことは日本浄土仏教の信心を考察する上で重要なところです。『観無量寿経』で語られる三心とは、「至誠心《しじょうしん》」「深心《じんしん》」「廻向発願心《えこうほつがんじん》」の三つです。この三心の解釈は人によって相違するのですが、法然は「経論などに導かれて成立する三心」と、「ただ一向に念仏して成立する三心」を分け、後者の三心は「一向に帰依する心」「疑いなき心」「往生を願う心」であると解釈しています。この部分を少し見てみましょう。

「三心に智具の三心あり、行具の三心あり。智具の三心といふは、諸宗修学の人（中略）行具の三心といふは、一向に帰すれば至誠心也。疑心なきは深心也。往生せんとおもふは廻向心也。かるがゆへに一向念仏して、うたがふおもひなく往生せんとおもふは行具の三心也」（「東大寺十問答」）

【三心には「智慧をそなえた三心」と「行をそなえた三心」があります。「智慧をそなえた三心」とは仏教各派の修学の人です。（中略）「行をそなえた三心」と言うのは、ただひたすらに帰依すれば至誠心、疑いなきは深心、往生を願うのは廻向心です。ですから、ただひたすら念仏して、疑う心なく往生を願うのが「行をそなえた三心」です】

このように法然は述べています。立派な修行者の三心と、凡夫の三心といった感じですね。

さらに、法然は、「信心」も称名念仏の視点から語っています。ここに法然思想の特性があります。「行具の三心」的側面が強調されているわけです。

「念仏をだにも申せば、三心は具足するなり」（「十二問答」）
【ただ南無阿弥陀仏の名号（仏の名前）を称えることで、おのずから三心が具わります】

念仏という道を歩み続けるうちに信心は形成されていくとしています。ふたごころの無い念仏は信心を成立させていく……。法然はどこまでも「易行」という立脚点から、おのれの思想体系を創り上げています。

しかし、だからといって信心を軽視していたわけではありません。「経には三心を具して往生すと見へて候めり。この心を具せざるが故に念仏すれども往生を得ざるなり」（「十二問答」）と、信心なしの念仏は往生できないとも語っています。この部分が後述の親鸞では強調されていきますので、留意しておいてください。

こうして見ると、法然は念仏のプロセス上に信心を捉えていることがよくわかります。法然思想の柱は一向専修の称名念仏であり、そこにこそ信心が成立するとするのです。法然においての「信」とは、念仏を行ずることと別ではありませんでした。それは、本願を信じ、はからいなく念仏することであり、無疑の心でただ称名念仏を実践することにほかならなかったのです。

ここに、ひたすら善導浄土仏教に依拠し、観想念仏（観仏）を捨て、称名だけを往生の業として選び取った法然の姿勢を見ることができます。

中軸構造と中空構造

専修念仏という呼称が示すごとく、法然には明確な「選び」と「捨て」があります。「あれもこれも」というのではなく、「あれかこれか」です（ちなみに、実存哲学の祖であるキェルケゴールによる最初の著作は『あれかこれか』です）。

法然の仏道を端的に表したものが『選択集』の終盤に述べられている「三選の文」だと思います。ここ、ポイントです。

「それ速《すみ》やかに生死を離れんと欲《おも》はば、二種の勝法の中にしばらく聖道門を閣《さしお》きて選んで浄土門に入れ。浄土門に入らんと欲はば正・雑二行のなかに、しばらく諸の雑行《ぞうぎょう》を抛《なげう》ちて選んで正行《しょうぎょう》に帰すべし。正行を修せんと欲はば、正・助二業のなかになほ助業を傍らにして選んで正定《しょうじょう》を専ぱらにすべし。正定の業とは即ちこれ仏の名を称するなり。称名は必ず生ずることを得る。仏の本願に依るが故に」（『選択集』）

【そもそも、すみやかに迷いの世界から離れようとするのであれば、「聖道門」と「浄土門」の二つの法門の中で、「聖道門」を閣いて、「浄土門」へ入りなさい。

「浄土門」に入るのであれば、「正行」と「雑行」の二つの行があるから、「雑行」を抛ち捨てて正行に帰しなさい。

「正行」を修めるのであれば、「正定業」と「助業」の二つの業があるから、「助業」を傍らにおいて専ら正定業を修めなさい。正定業とは、仏の名号を称えることである。称名する者は必ず浄土へ往生する。それは阿弥陀仏の本願によるからである】
ここでは、三つの選択が開示されています。
まず法然は仏道を「聖道門」と「浄土門」の二つに分けます。これは、唐代の僧・道綽の論法です。前者は「修行によって悟りを開く道」、後者は「阿弥陀仏の本願によって浄土へ往生して仏と成る道」です。「二つの仏道がある。もし速やかに迷いの世界を離れようとするならば、浄土門を選べ」というのが第一の選択です。「もしあなたがガウタマ・ブッダのように悟りを開ける人ならば聖道門も歩めますが、凡人や愚者ならば浄土門がいいですよ」と語っているように思います。「閣いて」という表現が印象的です。

次に「浄土門」を歩むならば、「正行」と「雑行」があるので、「正行」を選べというのが第二の選択です。浄土門の仏道を「正行」と「雑行」に分類するのは善導の教えに拠っています。「正行」は五つあります。浄土三部経を読む「読誦《どくじゅ》」、浄土や阿弥陀仏などを心に想い浮かべる「観察《かんざつ》」、阿弥陀仏を礼拝する「礼拝《らいはい》」、口に名号を称える「称名」、阿弥陀仏の功徳を讃え供養する「讃嘆供養」の五つです。そして、それ以外のさまざまな行や善根功徳が「雑行」となります。ここで「雑行」を抛ちます。

さて、この「正行」も二つに分けることができます。四番目の「称名」と、それ以外です。「称名」を正定業、それ以外を助業と言います。助業を傍らにして、正定業の「称名」だけを選び取るのが第三の選択です。閣、抛、傍と三度の選択によって、称名ただひとつが選択されることとなります。法然らしい、明確な理路です。この「三選の文」は、法然の仏道がもっともよく表現されていると思います。

三つの選択の根拠は、「それが阿弥陀仏の願いである」というものです。阿弥陀仏は我が名を称えよと願っている、その願いに相応しないことを実践してもダメ、となります。これは善導の「散善義」に出てくる論理です。法然にとって、この善導の理論に出会ったことが決定的でした。

このように、大きな体系を二分して、ただひとつを選びとるプロセスをもった宗教思想は、日本宗教文化の傾向から考えればかなり異質です。というのも、日本宗教文化は同一化傾向が強いと考えられているからです。例えば、カトリック信者だった作家の遠藤周作は、著作の登場人物に次のような言葉を語らせています。

「この国は沼地だ。やがてお前にもわかるだろうな。この国は考えていたより、もっと怖ろしい沼地だった。どんな苗もその沼地に植えられれば、根が腐りはじめる。葉が黄ばみ枯れていく。我々はこの沼地に基督教という苗を植えてしまった」(中略)「彼等が信じていたのは基督教の神ではない。日本人は今日まで」フェレイラは自信をもって断言するように一語一語に力をこめて、はっきり言った。「神の概念はもたなかったし、これからももてないだろう」(『沈黙』)

この言葉は、日本の宗教土壌とカトリックの教えのはざまで苦悩した遠藤自身による独白であるかのようです。遠藤が「沼地」と呼んだ日本の宗教土壌。すべてが中空化・同一化へと還元していき境界が不明瞭になっていく……。日本人クリスチャンはしばしば「絶対にして唯一なる神」と、「すべてが融合する日本的宗教感性」とのはざまに苦悩しますが、遠藤もそのような人物でした。ですから、彼の『沈黙』や、晩年の『深い河』は、文学作品としてもすばらしいものですが、日本宗教文化を考えるにはよいテキストでもあります。

『深い河』で語られるような、すべてのものがひとつの河へと注ぎこまれていく宗教観は、「もし日本にキリスト教が土着するのであれば、この形態はひとつのモデルではないか」と思わせる力をもっています。

すべての境界が不明瞭になっていく性質を、哲学者の上山《うえやま》春平は「思想の日本的特質」であると語り、心理学者の河合隼雄は「中空構造」と表現しました。

また、神学者の門脇佳吉はこの構造とヨーロッパのキリスト教とが齟齬することに注目しています。

河合隼雄は『中空構造日本の深層』（中公叢書、一九八二年）の中で、一神教を基盤とした西欧の中心統合構造では相容れない要素を周辺に追いやるので正と邪や善と悪が明確化されていくのに対して、中心を形成しない構造は対立するものを共存させ適当なバランスをとりつつ配置される、と論じています。

それは、権威あるもの、権力をもつものによる統合のモデルではなく、力もはたらきもたない中心が相対立する力を適当に均衡せしめているモデルを提供するものである。

中心が空であることは、善悪、正邪の判断を相対化する。統合を行うためには、統合に必要な原理や力を必要とし、絶対化された中心は、相容れぬものを周辺部に追いやってしまうのである。空を中心とするとき、統合するものを決定すべき、決定的な戦いを避けることができる。それは対立するものの共存を許すモデルである。(『中空構造日本の深層』)

河合に倣って、ここからは「中軸構造」と「中空構造」といった視点を導入して考察を進めることにしましょう。

「中軸構造」とは、明確な座標軸がある構造を指します。例えば、キリスト教の場合、基本的に「神と私」は造物主と被造物として相反する存在であって、どこまでいっても同一化することはありません。この構造上に、善と悪、正統と異端、救いと絶望、中心と周辺などが配置されます。座標軸があるからこそ、中心と周辺は明確になります。まずはこのような構造になっている体系を中軸型と呼ぶことにします。

それに対して、「中空構造」は明確な座標軸をもたず、さまざまな要素がバランスをとって配置される、さまざまな要素が融合する、みんな均質化する、そのような性質をもっています。そこでは、相反するものも同一化するので、善と悪や正統と異端などの境界は不明瞭になります。例えば、大乗仏教のように、「すべては空だ」「煩悩すなわち悟りである」などといった構造は中空型です。

もちろん、すでに指摘したように、このような類型論は、細かい議論を見えなくしてしまう陥穽をもっています。仏教にしても、キリスト教にしても、「中空型」「中軸型」などと単純に分けることはできません。また、河合が語るように「欧米文化は中心統合構造、日本文化は中空構造」などと分類してしまうこともできません。このような類型論の弊害は充分に理解しています。ただ、今回、「中軸構造」「中空構造」という類型論を使うのは、法然・親鸞・一遍の特性を際立たせるためです。

明恵が的確に把握していたように、日本仏教の思想構造は「中空型」です。均衡を重視して、領域が不明瞭で、多層的多重的です。そして、このような日本仏教と比べて、法然浄土仏教は、明確な選択・基軸・方向性をもつ「中軸構造」でした。法然の思想を理解するポイントは、「二項対立」であり「二者択一」です。だからこそ明恵が批判したわけです。

法然の仏道は、仏教を根底から組み換えたのみならず、日本の宗教のあり方も再構築するものでした。

一念と多念

ここで、少しだけ込み入った論点を取り上げます。一念と多念という問題です。面倒な話なのですが、法然の仏教を考察する上で避けて通ることはできません。また、一念と多念について考えることは、親鸞や一遍を見ていく際も、現在の浄土宗・浄土真宗・時宗の特徴を知るためにも、必要な手順です。

さて、この一念と多念の問題は、法然浄土仏教成立以来、ずっと続いています。法然門下からは、幸西、弁長(聖光)、隆寛、証空、聖覚《せいかく》、長西、そして親鸞など、キラ星のごとく人々が育ちますが、彼らを「一念派」と「多念派」に分けて語られることもしばしばです。

「一念」とは、「一回でも、念仏すれば阿弥陀仏の誓願によって救われる」という立場です。この立場を一念義と呼んだりします。称名念仏よりも阿弥陀仏による救済に重心をおく姿勢が特徴です。

これに対して「多念」とは、「数多くの念仏を継続することが肝要」という行為重視派です。この立場を多念義と呼びます。

「真に阿弥陀仏に帰依しておれば、一度の念仏で往生は決定する」というのが一念義であり、「生涯怠ることのない念仏によって、臨終時に往生は決定する」というのが多念義といったところです。

しかし、一念義も多念義も、それぞれの内容や実態は必ずしも明らかではありません。不明の部分が多いのです。例えば、一念義の主唱者は誰で、そのようなことを主張したのか、あるいはこの人物は一念義か多念義か、そういった判断も一定ではありません。そもそも何をもって一念義とするか多念義とするかについても、諸説あります。

そのため、ある枠組みでは一念義にカテゴライズされる人物・教義が、別の枠組みではそうならない、ということも起こります。

線引きは明確ではないのですが、とにかく双方の対立は激しかったようです。どちらも正当性を主張して、法然門下の分裂を生み出す要因となります。

博覧の学僧・凝然の『浄土法門源流章』によれば、一念義の祖は幸西（一一六三―一二四七）、多念義は隆寛（一一四八―一二二七）であるとしています。そして、『法然上人行状絵図』には行空（生没年未詳）と幸西が過激な一念義を主張したため、ともに法然門下を破門になったことが記せられています。

また、しばしば、証空や聖覚や親鸞は一念義的、弁長は多念義的であると言われるのですが、このあたりの分類も、研究者によって分かれるところです。ちなみに、隆寛は『一念多念分別事』を、聖覚は『唯信鈔《ゆいしんしょう》』を、親鸞は『一念多念文意』を著し、一念・多念という区別自体を否定しています。証空も「一念、多念という（ように分ける）ことは決して無いのだ」と書き残していますので、法然の高弟たちは一念・多念という視点から法然浄土仏教を捉えるのは誤りであると認識していたことは確かです。

ただ、法然浄土仏教において「称名念仏重視系統」と「阿弥陀仏への信心重視系統」があることも間違いありません。法然思想の本義は「一度の念仏で往生できると信じて、生涯念仏せよ」といったところにありますので、その理路からすると、一念義にしても多念義にしても、バランスを崩して偏向してしまっていると言えるでしょう。

いわば、念仏を「一念か、多念か」と問うこと自体、本質を見失っているのです。法然の言葉を記した「十二問答」には、「信おば一念に生ととり、行おば一形はげむべし」とあります。つまり、「信」という位相においてはわずか一念でさえも往生を得ると信じて疑わないことであり、「行」という位相においては臨終まで称名念仏を相続（持続）

する、このような「信の一念」と「行の多念」の様態が、法然の基本的立場だと言えるでしょう（この場合の信一念は、「一声の念仏に対する信」という意味です）。

一方、思想面だけでなく、教団事情の面からも一念・多念問題を見ますと、初期の法然教団では一念義傾向が強く、盛期以降は多念義派が多数を占めた、といった指摘があります。これは教団の在り方が社会問題にまで発展し、結果として危険視されたことに起因すると思われます。一念義へと傾斜すれば、「どんな罪を犯しても救われるんだ」などと過激になるのですね。

『七箇条起請文』では、法然が一念義系を強く諫めています。第一条では諸仏諸菩薩や余行をそしり軽しめることに対して警告し、第四条では持戒の人を雑行の人と呼んで（批判したり）念仏者は造悪を恐れてはいけないなどと説く傾向を厳しく非難しています。「戒はこれ仏法の大地なり」と述べています。こうしてみると、一念義系過激派の反社会的行動が、教団を仏教倫理保守的多念義へと移行させていったと言えるかもしれません。

また一念義系の人は、一神教的姿勢が強く、他宗派に対して厳しく対決する姿勢をとったり、阿弥陀仏以外の諸仏や戒律を軽視したり、また社会通念や習俗に挑戦的などの傾向があったり、法然仏教原理主義的だったのです。

法然の浄土仏教は、「仏教構造の解体」であると同時に「(自己の取捨選択による)仏教純粋化」を志向していました。そのため、従来の日本的習俗に取り込まれることなく、仏教者としての態度を明確にする道を提示します。

「仏教には忌みという事なし」と明言する姿勢は、習俗で縛られていた民衆に、信心による主体的行為を促すこととなりました。これも法然思想の大きな特色のひとつでした。しかし、これが法然教団への非難をもたらす一因でもあったのです。

概観してみれば、法然が「大衆のベクトル」を強くもっていたことを、あらためて実感することができます。まさに世俗の中を生き抜こうとした仏教者でした。これは道元が目指した出家者中心の仏教とは対照的です。

法然が提示した、

「阿弥陀仏の本願を信じ、称名念仏すれば必ず浄土に往生できる」

日本浄土仏教は、ここに集約されていきます。これから取り上げる親鸞も一遍も、この点においては、同じ基盤に立脚しています。

法然の最後の言葉を記した『一枚起請文』には、「ただ往生極楽のためには南無阿弥陀仏と申して、疑ひなく往生するぞと思ひとりて申す外には別の子細候はず」とあります。「浄土へと往生するには、南無阿弥陀仏と申すだけ。阿弥陀仏の願いを疑わずに念仏申す、その他には何もない」、法然思想のすべてはそこへ帰結するのです。

第二章　親鸞　その実存と信心、そして悪人

内省の人

親鸞や道元は、近代哲学において高く評価された人物です。親鸞の深い内省や、道元の求道心と論理性は、近代知性にとっても魅力的であったのです。

中でも親鸞思想の特性は、欧米的宗教の視点によって再評価されたという側面があると思われます。その要因のひとつは、親鸞が日本の宗教者としてはめずらしく強い罪意識を抱え続けたところにあります。

その親鸞ですが、承安三年（一一七三年）京都郊外日野に、下級貴族・日野有範《ありのり》の長男として生まれています。幼くして両親を失ったとされていましたが、最近の研究で父は後年まで生存していたのではないかと考えられるようになっています。

九歳の時、『愚管抄』を著した慈円のもとで得度。比叡山で二十年にわたり修学しています。しかし「生死出づべき道（生き死にから出る道。迷いの世界を超える道）」を求めて、二十九歳で法然門下に入ります。その際、それまでの範宴という名を綽空《しゃっくう》と改めたようです。三十三歳のときには、法然から『選択集』の書写を許され、名を善信と変えています。そしてその後、時期は明確ではありませんが、親鸞を名乗ります。善信を親鸞に改めたのではなく、善信坊親鸞という僧名だった、と考える説もあります。

その後、法然教団弾圧事件で越後（現・新潟県）の国府へ流罪、この頃より自らを「非僧非俗」・「愚禿《ぐとく》」と称するようになるのです。約四年後に赦免されますが、京都には帰らず、常陸国（現・茨城県）を中心に著述や教化活動に専念しています。常陸国をはじめ、下野、陸奥、下総、武蔵など、関東で親鸞の同行（同じ道を歩む仲間）が増えていきます。そして、この地において、主著『顕浄土真実教《けんじょうどしんじつきょう》行《ぎょう》証文類《しょうもんるい》』をほぼ完成させます。五十二歳くらいだったと思われます。

《親鸞聖人像（熊皮御影）》　奈良国立博物館

親鸞は、六十歳を過ぎた頃、親しんだ土地も知友も捨て、帰洛します。以降、九十歳という高齢で往生するまで旺盛な著述活動を行なっています。

親鸞の説いた教え自体は、法然と大きく変わるところはありません。ただ親鸞という人物は強い内省傾向をもっており、独特の内的世界の表現が多く、その点を特に取り上げていきたいと思います。なぜなら、近代が注目したのはその内的世界だからです。

『教行証文類』の意図

親鸞の主張とされる『顕浄土真実教行証文類』(以降は『教行証文類』と略)は、仏教という構造の中で法然思想の正当性を証明しようとして書かれたものでしょう。『選択集』をほとんど引用しない不自然さが、逆にそのことを表しています。法然の著作を論拠に、法然の正当性を証明しても説得力はありませんから。

親鸞は相次ぐ法然への批判に対して、様々な文献をもって答えようとしました。法然は決して仏教を破壊した異端者ではなく、仏教体系の中で連綿と受け継がれてきたものを提示したのである——、そう内外に示すことが『教行証文類』著述の意図であると思われます。

その親鸞の意図は、書名からも類推することができます。親鸞の主著は一般に『教行信証』と呼称されていますが、正式には『顕浄土真実教行証文類』です。実は、この書は（親鸞生前から）『教行証』と略称されていました。親鸞面授の人である真仏や顕智などの著作では、「教行証に云く」といった書き方をしていることからもそれが確認できます。

これを『教行信証』と呼称するようになったのは、本願寺を確立した覚如あたりからであり、その後一般化します。覚如の長男・存覚は、『教行証』とも表記していますので、この時代に略称が変化したことがわかります。『教行証』の呼称は、真宗教団が「信心」を強調してゆく軌跡と無関係ではありません。覚如から蓮如へと展開する「信心正因・称名報恩」（信心こそが往生の正因であって、称名念仏は報恩の行為）という路線が、「教」―「行」―「信」―「証」という四法構造の強調になっていったと思われます。

親鸞は以下のように述べています。

「謹んで浄土真宗を按ずるに二種の廻向あり、一には往相、二には還相なり。往相の廻向について真実の教行信証あり」（「教巻」）

【謹んで、浄土仏教の真実の教えをうかがえば二種の廻向があります。ひとつは往相廻

向、もうひとつは還相廻向です。浄土へ往生する廻向につきまして、真実の教・行・信・証があります】

つまり、本文中では「教行信証」構造であると表現しながら、表題では『教行証』としているわけです。ちなみにここで「浄土真宗」と述べているのは、宗派の名称ではありません。真実の浄土の教えという意味です。

『教行証文類』の章立ても、「教巻」「行巻」「信巻」「証巻」「真仏土巻」「化身土巻」となっており、「教行信証」の順です。しかし、書名は『教行証』。

この表題は、親鸞の著述意図および思想構造に大きく関連していると思われます。結論からいえば、親鸞は、(「戒─定─慧」と同じ意味をもつ)「教─行─証」という仏教の根本的構造に基づいて、法然思想を語ろうとしたのだと思われます。法然の教えがスタンダードな仏教構造に立脚したものであることを提示するため、この書名になったのでしょう。そうなると、『顕浄土真実教行証文類』を略称する場合は、『教行証文類』でなければならない気がします。少なくとも、無自覚に『教行信証』と呼称することは、著述意図を歪めることにもなりかねません。

さて、さらに考察を進めましょう。親鸞が「教―行―証」構造を意識して著述したとすれば、この書において「信巻」は特別な意味を持つこととなります。親鸞は「教―行―証」という大乗仏教構造の中において、「行」と「信」を表裏一体ととらえ、「行巻」の次に「信巻」を設定したのです。つまり「教―行＝信―証」構造であると言えるでしょうか。

このように行と信、すなわち念仏と信心を不離の関係で結ぶ根拠は、おのれの念仏でもなければ信心でもない、「阿弥陀仏の行であり信である」という親鸞の立脚点にあります。

さて、親鸞は『教行証文類』において、法然の教えが仏教体系に沿ったものであることを証明しようとしましたが、はたしてその目的は達成されたのでしょうか。少なくとも、中世において、『教行証文類』が法然思想の正当性・妥当性の論拠として広く用いられることはありませんでした。その意味において、『教行証文類』は不遇の書と言えるかもしれません。

しかし、親鸞の強い宗教的特性は、好むと好まざるとにかかわらず、この書に表出されることとなります。結果として、『教行証文類』は、法然思想の正当性を証明する書という性格とは別に、「信心の告白」の書、および思想体系の書といったもうひとつの側面をもつようになりました。

「今まさに」の信心

親鸞は、法然の教えを仏教の基本構造上で読み説きながら、一方では「戒―定―慧」という仏教構造の解体をさらに進めていきます。

例えば、「信一念」と呼ばれる親鸞の立脚点は、まるで仏道プロセスそのものをも一足飛びに越えてしまう感があります。

「信一念」とは、阿弥陀仏の呼び声を領受したその時を表す言葉で、信心成立の極まりを指します。一念と言っても、前出の「一念と多念」問題で取り上げた「一回の念仏」ではありません。この場合の一念は、一瞬とか濃縮された瞬間といった意で使われており、親鸞のオリジナリティが強く表れている理念です。

親鸞は、「一念といふは、信心をうるときのきわまりをあらわすことばなり」(『一念多念文意』)と述べています。親鸞にとっての一念とは「信心が決定するその瞬間」です。また、「一念はこれ信楽開発時剋《しんぎょうかいほつじこく》の極促《ごくそく》を顕はし、広大難思の慶心《きょうしん》を彰《あらわ》すなり」

（「信巻」）

としており、信楽（信心のこと。後述）という宗教体験が成立するその瞬間だと述べています。この場合の一念は、「とても速い」という意味と、「きわまり」という意味との両面があり、さらに信心の一念は「二心ないこと」でもあります。

こうして見ると、ただひたすら称名すればおのずと三心が備わっていくと説き、「仏道のプロセス」を重視した法然に比べれば、親鸞思想では「信心が決定したその時、即ち往生が定まる」という面が強調されていることがわかります。このような立場は、善導や法然などの一念とは相違します。善導・法然では一声の称名という側面が強いのに対して、親鸞では「まさに今」自覚される信心という体験が語られているのです。

親鸞は『愚禿鈔《ぐとくしょう》』で、「本願を信受するは前念命終《ぜんねんみょうじゅう》なり。即得往生《そくとくおうじょう》は後念即生《ごねんそくしょう》なり」と書いています。「前念命終、後念即生」は、もともと「この世の命が終われば、すぐに浄土へと生まれる」といった意の言葉でしたが、親鸞は「阿弥陀仏の本願を信受すれば、まさにその時、必ず浄土に往生する身となる」と捉えます。宗教的実存が成立する新生の瞬間、信心が華開くその瞬間、今まさに私において、という点を問題にしていることがよくわかります。

おのれの念仏は本物か

親鸞思想の重心は「信心」にあるという点を確認しましょう。

主著『教行証文類』の「信巻」では、「涅槃の真因は、唯だ信心を以てす」【涅槃への真実の因は、ただ信心なのです】として、信心こそ往生の因であるという言説が述べられています。

また、『教行証文類』のダイジェスト版のような体である『浄土文類聚鈔《じょうどもんるいじゅしょう》』という著作では、その大部分が「三心一心問答」にスペースを費やしています。「三心一心」とは、『無量寿経』で説かれた「至心・信楽・欲生《よくしょう》」の三信は、「信楽」の一心とイコールであるという論理です。『浄土文類聚鈔』の主たる論点は、念仏者の信心のありようであることは明らかです。

さらに、「本願力廻向の信心なり」(『信巻』)、「如来よりたまはりたる信心」(『歎異《たんに》抄《しょう》』)という表現にも、親鸞の「信心」理解の特性を読み取ることができます。親鸞の信一念とはまさに「如来よりたまわりたる信心」としか表現できない性質のものなのです。こういう独特の表現に注目しなければなりません。宗教体験という位相でいえば、法然・親鸞・一遍、それぞれ共通しているところも多いのですが、それが言語化・思想化される場合、各人の特性に彩られます。

ただここで注意が必要なのは、巷間言われるような「法然は念仏往生で、親鸞は信心往生」という比較が正確ではないことです。親鸞は一貫して念仏往生に立脚しており、信心往生とは一度も述べていません。

ただ親鸞はその念仏を問うのです。

「おのれの念仏は本物であるのか」

そう問い続けるのです。

念仏往生の思想自体は、法然によって既に完成されていますが、親鸞の場合は安直に「救済」が成立しません。のみならず、ひたすら仏に背き続ける自己であることを、繰り返し表白します。

例えば、親鸞は『浄土和讃』の中で、「摂取」の「摂」の字に左訓（文字の左側に書き付ける注釈）をつけているのですが、そこには「モノノニグルヲオハヘトルナリ」とあります。「モノ」とは、生きとし生けるモノのことです。「摂取」とは阿弥陀仏が救済する働きを指しますが、親鸞は逃げるモノを後ろから抱きかかえるのが阿弥陀仏の

「摂」だと言うのです。これは親鸞の実感から出た言葉ではないでしょうか。まさに、仏から逃げ続けている自分、というわけです。

ちなみに、「取」の字には「ムカヘトルナリ」と左訓しています。阿弥陀仏が大きな慈悲で迎えとるのですね。

仏の救いに背き続ける悪人

仏に背き続けるおのれ。

その徹底した自覚こそが親鸞の立ち位置です。

だからこそ親鸞は曇鸞（Tán-luán　四七六―五四二）に惹かれるのだろうと思います。曇鸞への傾倒は、親鸞思想の特徴のひとつです。

曇鸞とは、山西省雁門の生まれで、神鸞とも尊称された傑僧です。一時期は道教に近接したこともあったようですが、浄土仏教に深く帰依した人物であり、前出のヴァスバンドゥ（天親）の『無量寿経優婆提舎願生偈』を注釈した『無量寿経優婆提舎願生偈註』を著して、念仏の実践を説きました。また、仏教を自力の道と他力の道に分類したのもこの人です。「親鸞」という名は、「天親」の〝親〟と「曇鸞」の〝鸞〟の組み合わせだと思われます。

すでに述べたように、法然は「偏依《へんね》善導一師」と自ら宣言しているほど善導に依拠しています。そのため善導が重視した『観無量寿経』に思想の重心があります。しかし親鸞思想の中心には『無量寿経』があります。これは天親の『無量寿経優婆提舎願生偈』及び曇鸞の『無量寿経優婆提舎願生偈註』に大きく依存しているからであり、『教行証文類』を一読すればいかに親鸞が曇鸞に傾倒しているか、容易に理解できます。

これは親鸞が、法然が説いたように、ただひたすら念仏をしてもなかなかすっきりと救われず、さらには救いに背き続ける自己を見出し、どこまでも仏とは異質であることを意識し告白し続けるところに起因していると思われます。親鸞は、次のような歌を数多く創作しています。


「悪性《あくしょう》さらにやめがたし　こころは蛇蝎《だかつ》のごとくなり　修善も雑毒なるゆゑに　虚仮《こけ》の行とぞなづけたる」(『和讃』)

【悪の本性をとめることはできない。私の心は蛇蝎のようです。善を行っても、それはしょせん自分の都合という毒がまじった善ですので、「ニセモノの行い」と呼ぶしかあ

りません】

どこまでいっても仏と対照的な自分のあり様をごまかさない、親鸞の宗教性の真面目《しんめんもく》です。そして、このように「自らの悪性を自覚している者」を、親鸞は〝悪人〟と呼びました。この〝悪人〟は、自らの力で悟りを開けない者であり、仏のように完全な善を行うこともできない者です。つまり仏道の上で語られる〝悪人〟であって、社会的倫理だけで捉えることはできません。ついでに言うと、残された親鸞の手紙には、「念仏者には〝しるし〟がある」と書いてあります。つまり、何らかの社会生活における表現があるだろうというわけです。ここには親鸞の倫理観を垣間見ることができます。

また、親鸞は煩悩があるからこそ仏の救いがあると言います。煩悩と悟りは、どこまでも背反するにもかかわらず、相互依存的に成り立つとしています。このような、絶対的に異質だから同一なのだ、異のまま同、という論理はまさに曇鸞のものなのです。すなわち、「生死即涅槃」(『無量寿経優婆提舎願生偈註』)や、「不断煩悩得涅槃」(同)といった曇鸞の思想は親鸞の心を捉えたに違いありません。

仏の救いに背き続ける自己と向き合い続けた親鸞。

親鸞はしばしば経・論を自らの立脚点から読み換えるのですが、それはすべて阿弥陀仏の真実性と自己の虚妄性の対比において為されています。ここはぜひ考察してみたいポイントです。

「私から仏へ」から、「仏から私へ」

親鸞は何度も経論を改読しています。恣意的な改読だと言ってもよいでしょう。その改読は、「阿弥陀仏の他力」へと転じて解釈する場合、「自己内省」あるいは「人間観」によって改読される場合、自分の思想体系に基づく改読の場合、などに分けられます。個人的な意見ですが、親鸞思想の特性を見るには、この改読をチェックするのが近道だと思います。

重要であると思われるものを列記してみましょう。

まずは、自らの実践として書かれている文章を、阿弥陀仏の他力や諸仏・諸菩薩の慈悲を語る文章へと転換してしまっている例を取り上げます。「阿弥陀仏の他力性・超越性を強調」していることがよくわかります。

A「至心に廻向して（至心廻向）」（『無量寿経』）
【（すべての衆生が）まことの心で廻向して】
改読　→「至心に廻向したまへり」（「信巻」）
【（阿弥陀仏が）まことの心で廻向してくださる】

B「廻向を首として大悲心を成就することを得るがゆゑに（廻向為首得成就大悲心故）」
（『論註』）
【他を利する廻向を第一として、大悲心を成就することを獲得するがゆえに】
改読　→「廻向を首として大悲心を成就することを得たまへるがゆゑに」（「行巻」）
【他を利する廻向を第一として、大悲心を成就することを獲得なされたがゆえに】

C「ともにかの阿弥陀如来の安楽浄土に往生せむと作願《さがん》するなり（作願共往生彼阿弥陀如来安楽浄土）」（『論註』）
【一緒にかの阿弥陀如来の安楽浄土へと往生しようと願いを立てるのである】
改読　→「作願してともに阿弥陀如来の安楽浄土に往生せしめたまへるなり」（「行巻」）

【（仏は）願いを立てられて、阿弥陀如来の安楽浄土へと往生させてくださるのです】

いかがでしょうか。「たまへり」や「たまへる」といった敬語を使うことで、「私が」という主語を「仏が」「菩薩が」に改変していることがわかります。「私から仏へ」という方向を、「仏から私へ」といった方向へと徹底してひっくり返しているのです。

特に、「成就」「廻向」「作願」などの要素はすべて阿弥陀仏の側に措定されるところに親鸞の仏道があります。

「ダメな私」の信心告白

次に、親鸞思想の特性である自己内省に関する改読を取り上げます。「自己の有限性・罪業性を強調」したものをいくつかピックアップします。

D「一分の毛をもつて大海の水の二三渧《てい》のごときを分ち取るがごとし。苦のすでに滅するは大海の水のごとし。余のいまだ滅せざるものは二三渧のごとくなれば心大いに歓喜す（如以一毛為百分以一分毛分取大海水若二三渧苦已滅如大海水余未滅者。如二三渧心大歓喜）」（『十住毘婆沙論』）

【一すじの毛で大海の水の二・三滴を分け取るようなものである。消滅した苦は大海の水のようであり、まだ残っている苦は二・三滴の水ほどであるから、心は喜びに満ちている】

改読　→「一分の毛をもつて大海の水を分かち取るがごときは、二三渧の苦すでに滅せんがごとし。大海の水は余のいまだ滅せざるもののごとし。二三渧のごとき心大きに歓喜せん」（「行巻」）

【一すじの毛で大海の水を分け取るようなものであって、すでに消滅した苦はその二・三滴ほどです。いまだに消滅せずに残っている苦は、大海の水ほどもあります。わずか二・三滴ほどの苦を消滅したにすぎないけれども、心は大きな喜びに満ちています】

E「外に賢善精進の相を現し、内に虚仮を懐くことを得ざれ（不得外現賢善精進之相内懐虚仮）」（「散善義」）

【賢く善く勤め励む姿を現して、内面にいつわりを抱いてはならない】

改読　→「外に賢善精進の相を現すことを得ざれ、内に虚仮を懐ければなり」（『愚禿鈔』）
【賢く善く勤め励む姿を現してはなりません。なぜなら、内面にはいつわりを抱いているからです】

F「道俗時衆等、おのおの無上の心を発《おこ》せ。生死はなはだ厭《いと》ひがたく、仏法また欣《ねが》ひがたし（道俗時衆等、各発無上心、生死甚難厭、仏法復難欣）」（「玄義分」）

【出家者も在家者も、それぞれ菩提心を起こせ。迷いの世界を厭い離れることは困難であり、悟りへの道を求めることもまた困難である】

改読　↓「道俗時衆等、おのおの無上の心を発せども、生死はなはだ厭ひがたく、仏法また欣ひがたし」（「信巻」）

【出家者も在家者も、たとえ菩提心を起こしても、迷いの世界を厭い離れることも、悟りを求めることも困難です】


このように、ことごとく「私はどこまでも不実であり虚妄である」ことの告白へと転じています。救済の喜びを語る一方で、このようにどこまでも影を抱えたおのれを見据えているのです。

Dを見てみましょう。原文では「苦が滅していないのはもはや大海の二三滞にすぎないので大きな喜びである」となっているのを、「二三滞は滅したかもしれないが、我が身の迷いは大海のようである。しかしその二三滞が喜びなのだ」となっています。ずいぶん大胆な読み換えです。原意を反転させてしまっています。

またEでは、善導が「賢善精進を現して、内面に虚仮を懐いてはならない」と警告している文章ですが、親鸞は「外面に賢善精進を現してはならない。なぜなら内面に虚仮を懐いているからである」と読み換えています。実は、善導自身は「(私の文章を)一言一句、決して読み換えてはならない」と書き残しているのです。そして、親鸞はそれを充分承知しており、この善導の警告を自らの著書に引用さえしています。善導が「決して読み換えてはいけない」と語っていることを百も承知で親鸞は改読しているのです。

Fは、他の浄土仏教者と親鸞の相違を考察する上で、注目すべきでしょう。原文では「あらゆる人々よ、無上の心を起こせ。そうでなければ、現世は離れにくい、仏法を志向することは難しい」とあるのですが、これを「たとえ無上の心を起こしたとしても、現世は離れにくい、仏法を志向することは難しい」としています。

ここに挙げたものは、何処まで行っても執着を断ち切れない自己を抱えた、親鸞ならではの改読であると言えます。自己を徹底して相対化してゆくことと、同時に絶対なるものへの信とが相関関係となって、ますます親鸞の仏道は堅固に形成されていくのです。

「おまかせします」

さらに、自らの宗教体験や思想体系に基づいて原文を読み換えたり、解釈を加えていったものがあります。「思想・宗教観による意味変換」です。

ここは有名な「六字釈」を取り上げましょう。「六字釈」というのは、南無阿弥陀仏の六字を解釈したものです。もともとは浄土仏教への批判に対して、善導が応えた理論でした。善導の文を読んでみましょう。

G「南無と言ふは即ち是れ帰命《きみょう》なり、また是れ発願廻向の義なり。阿弥陀仏と言ふは、即ち是れ其の行なり」（「玄義分」）

【「南無」というのは、帰依するという意味であり、また浄土往生を願うことでもある。「阿弥陀仏」は、すなわち行なのである】

このように善導が語ったのも、「(浄土願生者の中で、一番ダメな者が実践する)称名念仏は、ただ願だけがあって行がない」と言われたからです。「唯願無行《ゆいがんむぎょう》」の批判です。そこで、善導が「南無」は帰依であり浄土往生の願いである、「阿弥陀仏」は成就された行そのものである、と主張しました。これを「願行具足」と言います。「南無阿弥陀仏」は、願と行が具わった名号《みょうごう》(仏の名。仏の徳そのもの。この場合は「南無阿弥陀仏」のこと)であるという反論です。これが善導の「六字釈」です。

次に、親鸞の「六字釈」を読んでみます。

「帰命は本願招喚の勅命なり。発願廻向と言ふは、如来已《すで》に発願して衆生の行を廻施《えせ》したまふの心なり。即是其行《そくぜごぎょう》と言ふは、即ち選択本願是なり」(「行巻」)

【善導大師が述べた「帰命」というのは、阿弥陀仏の願いによって招いてくださるはたらきです。「発願廻向」とは、阿弥陀如来がすでに願いを起こされて私たちへとふり向けてくださった大いなる慈悲の心です。そして、善導大師が「すなわち其の行である」と述べるのは、私たちを救うために選び取られた本願の行ということです】

善導の六字釈論は対外的な意味合いが強いのですが、親鸞は自らの内実に基づいて「南無阿弥陀仏」の六字を受けとめています。親鸞は、善導が語る帰命とは「仏の呼び声」だとしています。そして、発願廻向というのは（自らの願いを起こすのではなく）阿弥陀仏が願を起こして私へと廻施（仏が施す）されていることであり、善導が語る「行」とは阿弥陀仏の本願そのものであるとして、ことごとく如来を主語にした思想へと転換していきます。付言しますと、『尊号真像銘文』で親鸞は、帰命は衆生の信心であり、如来の呼び声に「おまかせする」ことであるとも述べています。つまり、別の著作では、衆生の主体からも語っているわけです。

この「六字釈」の改読などは、親鸞の思想体系の根幹に関わる部分となります。とても独創的な解釈で、親鸞の特性が大いに発揮されています。

また、仏教一般で語られる「自利・利他」、つまり自らを利することと他者を利することを、親鸞は『愚禿鈔』で「自利真実（自力の道）」と「他利真実（他力の道）」としています。仏教の基盤部分も改読しているのであり、これも親鸞の独創であると言えるでしょう。

親鸞による経論の読み換えを、ざっと一読しました。「自分はどこまで行ってもニセモノである。私の側に真実はない」「念仏も信心も救いも、すべては仏の働きによって成就する」といった親鸞思想の方向性が、少し明確になったのではないでしょうか。

では、本書の論点である「親鸞の信心」について考察します。

『教行証文類』の「信巻」において、「涅槃の真因は、唯だ信心を以てす」と述べられているように、親鸞は内面を重視した思想を展開した人物です。ですから、単に「念仏すればよい」とはしていません。

親鸞は念仏を「仮《け》なる念仏」と「真なる念仏」とに分けて語ります。

「仮なる念仏」には二種あります。「仮門の念仏」と「真門の念仏」（ここでも「真」という文字が使われているので、ちょっとややこしいのですが）です。

「仮門の念仏」とは、あれかこれかの選択が成立していない念仏で、念仏ひとつを選び取り、他を捨てることができていない、雑修《ざっしゅ》の念仏であるとします。

「真門の念仏」とは、念仏を選び取ってはいるが、その念仏が自己の善根となってしまっているものを指します。どういうことかと言うと、親鸞は、自分自身がなんら問われてこず、あたかも自分が積んでいる功徳であると思っている念仏を「仮なる念仏」としたのです。

例えば、親鸞は「名号を称える」の「称」という字を、「はかりといふこころなり」と捉えています。

「称は御なをとなふるとなり、また称ははかりといふこころなり、はかりといふはもののほどを定むることなり」（『一念多念文意』）

【「称」は阿弥陀仏の御名《みな》を称えるということです。また「称」は「はかり」という意味もあります。「はかり」というのは、ものごとの程度を定めることです】

この場合の「はかり」とは、ものの軽重を知り、「はかり」のように正確に、ものの重さそのものを定めるということです。称えることによって、往生成仏を定められるわけです。でも私はここを「称えることによって、おのれという存在が問われていく。自分の本性が念仏によって計られていく」と受けとめたいと思います。

親鸞の念仏は、称名の実践とともに自己が問われていく構造なのです。それが「真なる念仏＝弘願《ぐがん》の念仏」です。「仮門の念仏」と「真門の念仏」が「仮なる念仏」、「弘願の念仏」が「真なる念仏」です。

親鸞にとって、念仏という行為は易行であっても、それを成立させる信心とは困難至極のものであったのです。ゆえに親鸞は信心を「難信」と呼んでいます。「難の中の難であり、これ以上に困難なものはない」とまで表現しています。親鸞は、法然の示した易行の中に、難信を見出すのです。

そんな困難な信心を、愚かな凡夫が成立させる事態は、「阿弥陀仏の願いによって振り向けられた信心（本願力廻向の信心）」「如来よりたまわりたる信心」としか表現し得ないに違いありません。

自分はニセモノであるが、仏の智慧と慈悲は真実である。ニセモノの自分に、真実の念仏と信心が成り立つ。ゆえに、念仏も信心も阿弥陀如来から振り向けられたものである。これこそが親鸞の世界だと言えるでしょう。

船底に穴があいた船のごとく

浄土往生は「どのような者も念仏を称えれば阿弥陀仏によって救われる」といった易しい道だと思っていたのに、少しややこしくなってきました。

親鸞の語るところに耳を傾けてみると、「この道を歩めば歩むほど、自分自身の内面や行為が厳しく問われるのだ」となります。そんなことなら、いっそ念仏の教えを知らないほうがもっと気楽に暮らせていけるのではないか？

いやいや、これは「それまでごまかしていた自分の本性が見えてきたからこそ起こる事態」です。ごまかしがきかない状況と向き合うことで、開けてくる世界もあります。

もう二十年以上前のことですが、仏道の先達（導いてくれる人）に「世間がニセモノに見えてくるまで、自分がニセモノに見えてくるまで、仏法を聞き続けなさい」と言われたことがあります。その時は、何のことを言っているのかさっぱりわからず、「めんどうなことを言う人だなぁ」などと思っていました。でも、今では少し実感できるようになりました。仏法という光に照らされなければ、ニセモノに見えてこないのです。

仏教では、私たちは「闇の中でたたずんでいるような存在である」と考えます。周囲も見えない、自分の立ち位置も見えない、自分が何ものかも見えない、どの方向へ歩んでいけばよいのかも見えない。そんな暗闇です。そこへ灯火がともる。闇が打ち破られます。ぱぁっと、周りの様子が見える。自分の姿も見える、どの方向へ向かえばよいのかもわかります。

そして、暗闇だと現れなかった自分の影が黒々と、くっきりと出現するのです。闇は晴れますが、影はできる。光にあたらなければ、影は生まれません。この影は自分が抱える煩悩を表わしています。仏教の教えに出会わなければ、煩悩も見えてこないのです。仏法の光に照らされれば照らされるほど、自分自身がニセモノであることがいっそうくっきりと浮かび上がる。光が強ければ強いほど、いっそう黒々と影ができるということです。そして、影が見えるから、光に照らされていることが知らされる。親鸞は、この影を生涯ごまかさなかった人物です。自分自身がニセモノであることを自覚すればするほど、そんな者のためにこそある阿弥陀仏の願いは間違いないと確信するのです。

なんだか、「正―反―合」の弁証法みたいですね。いったりきたりして、すっきりしません。このように、親鸞の思想は、ぐっと肉薄すると、よくわからなくなったりします。法然が提示したような明確な論理とは少し異質です。親鸞は、明確な論理よりも、次から次へと湧き上がる苦悩や悲しみを先行させて語っているように思えます。

例えば、いつもは「バカじゃねえの」などと親に向かって悪態ついている者が、あるとき親の深い愛情を知って、「ありがとうございます。こんなオレを……」と感謝の言葉を述べたとしましょう。いい話ですよね。普通はこれで感動のストーリーとなります。でも、親鸞は「次の日、ちょっと気にくわないことがあれば、感謝を述べたその口で『バカか』と言ってしまうのではないか」と、さらに問うのです。「私はそう言ってしまうような人間です」と親鸞は告白します。

かなりしんどい話ですが、このようなしんどさが親鸞思想の特徴です。また親鸞の魅力でもあります。

実存哲学の祖と呼ばれるキェルケゴール（一八一三―五五）が、自らの歩む道を「船底に穴があいた船で、水をかき出すがごとき」と表現していますが、親鸞の信心もまさにこのような感があります。いくら水をかき出しても尽きることがない。しかし、かき出すのをやめることはできない。どちらにも着地せず、ギリギリの緊張関係が持続されていく。これぞ親鸞思想がもつ重苦しさの正体です。

一方では仏に救われる喜びを語りながら、他方ではどうしても仏の救いを喜ぶことができないと告白する親鸞。親鸞思想の中枢は、「深い内省による自己否定」と「仏の智慧と慈悲による救い」との二面性を併せ持っています。

親鸞とマジメに向き合うと、時には「なぜこんなことに苦悩しなければならないのか」「悟りとか煩悩とか、救いとか罪とか、そんなことから離れて生きればいいじゃないか」そういう気にもなります。

でも、そうはいかない。それが人間というものです。他の動物のように、ただ生きて、ただ死んでいけるなら、苦悩はありません。

人間だけが「死」を認識します。人間だけが、生きるために「意味」が必要です。人間だけが、どこまでも「自分というもの」にすがります。人間特有の苦悩というものがあるのです。このような人間の実存（現実の在りよう）に関わり続けたがゆえに、親鸞思想は近代において注目されたのです。

親鸞も法然同様、日本宗教土壌からすればとても異質な人物です。特に親鸞のようにおのれの内面を問い続けるような宗教者は稀有だと言えます。なぜこのような人格が突如として登場したのか。鎌倉という動乱の時代が生み出したのでしょうか。それも一因でしょう。でも一番の要因は……。

このことは法然との影響比較によって後ほど明らかになります。

第三章　一遍　すべては南無阿弥陀仏に

過小評価される一遍

法然・親鸞に比べると、一遍智真の研究は多くありません。これは現在の教団規模とも関係がありそうです。浄土宗や浄土真宗に比べれば、時宗の規模は十分の一以下であり、必然的に研究者も少なくなります。

一遍の評価は、「法然・親鸞を超えて浄土仏教を完成させた」と高く評価するものもあれば、「密教・神道・禅などと融合し、ただの土俗化してしまった浄土仏教」「法然・親鸞が開いた世界を、平安の習俗的仏教へと逆戻りさせた」などと酷評される場合もあります。どちらかと言えば、近代以降、一遍は必要以上に低く扱われてきたように見受けられます。しかし、一遍が日本宗教シーンにもたらした影響は多大なものがあります。

その一遍智真は、延応元年（一二三九年）伊予（現・愛媛県）の豪族河野氏の子として生まれました。法然の往生から二十七年後、親鸞が六十七歳のときです。河野家は水軍の家系だったのですが、一遍が生まれた当時は没落してひっそりと生活していたようです。

一遍は、十歳で母を亡くしたのを機に出家しています。比叡山には行かず、大宰府の浄土宗西山派の僧侶である聖達《しょうだつ》のもとで修行しており、随縁と名乗っていました。聖達は、法然の高弟である証空の弟子です。証空は西山派の派祖です。ですから一遍は浄土宗の西山義系統で育ったということになります。その後、肥前国（現・熊本県）の華台《けだい》のもとで修学している際に智真と名前を改めています。華台は智真の聡明さに驚いたとのことです。

ところが智真は二十五歳の時、父の死を機会に還俗《げんぞく》しています。妻をめとり、家長として家督を継ぎ、領地争いや女性問題など世俗の生活を送っています。やがてそのような生活に見切りをつけ、三十三歳で再度出家します。信濃国の善光寺で「二河白道の図」と出会って感得したことなどもきっかけとなりました。「二河白道の図」とは、かの善導が「浄土に往生しようとするすべての人に対して、信心の確立が理解しやすいように説いた譬え話」を描いた絵です（第一章参照）。

今度は超一、超二、念仏房という三人の女性を引き連れて「遊行」中心の生活に入ります。超一は妻、超二は娘、念仏房は下女であったと言われています。「遊行」とは、出家者が生活する僧院などにも定住しない生活形態です。その後の一遍は、生涯の大部分を「遊行」で送ることとなります。

一遍は日本の聖地を歴訪しており、善光寺で参籠し、菅生《すごう》では荒行に打ち込み、四天王寺、高野山にも訪れています。特に熊野では、大きな転機を迎える体験をします。現在の時宗では、この時を立教開宗の時としています。

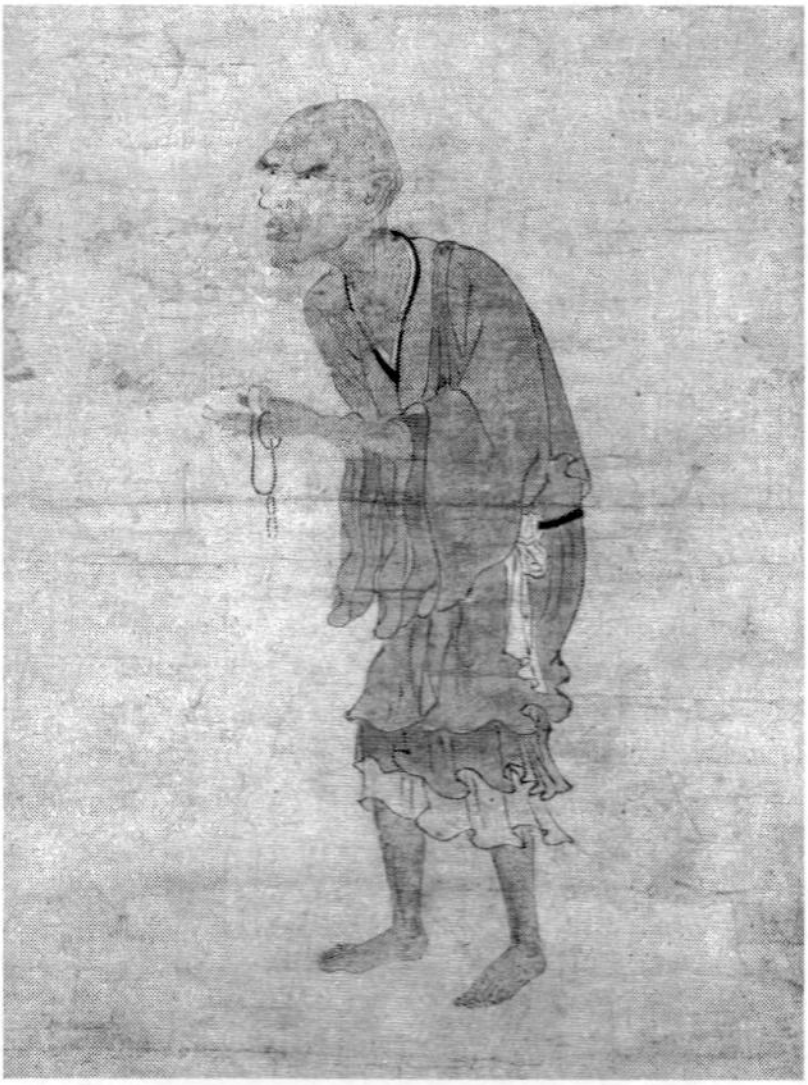

《一遍上人像》　神奈川県立歴史博物館

熊野の体験によって名を一遍と改め、妻子と離別して、遊行の実践に生涯をついやします。この集団を時衆と呼びます。時衆は、「賦算《ふさん》」（「南無阿弥陀仏　決定《けつじょう》往生六十万人」と書かれた念仏札を賦《くば》ること）や「踊躍《ゆやく》念仏（踊り念仏）」などを行ないながら各地を巡っていますが、浄・不浄を選ばず、穢れも問わず、こだわりもない平等集団であるその姿勢は注目に値します。

五十歳となった一遍は、理想としていた沙弥・教信ゆかりの地である賀古（現在の兵庫県加古川市）を目指して遊行の途中、往生します。五十一歳でした。一遍は臨終の前に、「一代の聖教みな尽きて、南無阿弥陀仏になりはてぬ」と言い、所持していた聖教の類を焼き捨てています（一部は奉納しています）。そのため、自ら著作したものはありません。一遍の行動と思想は、往生後十年経ってから成立した『一遍聖絵』（全十二巻、以降は『聖絵』と略）と呼ばれる絵詞伝によって知ることができます。

すべては南無阿弥陀仏に

その一遍の仏道とは、名号に収斂することができます。すべては「南無阿弥陀仏になりはてぬ」ということです。

一遍の特徴は「賦算」にあります。念仏札に書かれた「南無阿弥陀仏　決定往生六十万人」とは、

「六字名号一遍法」（六字の名号は一遍の法、絶対不二の法である）

「十界《じっかい》依正一遍体」（仏も衆生もすべて絶対不二の名号体内の徳のあらわれである）

「万行離念一遍証」（あらゆる自力の行も、念仏申して執着の念を離れるとき、絶対不二のさとりとなる）

「人中上々妙好華」(このような行者こそ人中の最上の人、あたかも泥中の白蓮華にもたとえるべき人である)

この頭文字をとったものです。

そう言えば、謡曲「誓願寺」では、和泉式部の亡霊があらわれ、一遍に対して、「このお札に書いてあるように、六十万人しか救われないのか」と尋ねる場面がありますね。この謡曲では、一遍の「称ふれば　仏もわれもなかりけり　南無阿弥陀仏　南無阿弥陀仏」という歌が詠まれます。この歌は、最初「称ふれば　仏もわれもなかりけり　南無阿弥陀仏の声ばかりして」であったのですが、法燈国師に「未徹在」(まだ徹底した境地へと到達しておらん)と指摘され、詠み替えたものであると言われています。

一遍は「かつて、ある人が『どのように念仏すればいいでしょうか?』と、空也上人に尋ねた。空也上人は『捨ててこそ』とだけおっしゃった」というエピソードを取り上げて、「これこそ金言である」と述べています。まさに一遍の仏道は、この「捨ててこそ」で表現できるでしょう。

「念仏の行者は智慧をも愚癡《ぐち》をも捨て、善悪の境界をも捨て、貴賤高下の道理をも捨て、地獄をおそるる心をも捨て、極楽を願ふ心をも捨て、又諸宗の悟をも捨て、一切の事を捨てて申す念仏こそ、弥陀超世の本願に尤もかなひ候へ」(『一遍上人語録』)

【念仏者は、智慧も捨て、煩悩も捨て、善悪の境界も捨て、貴賤も捨て、地獄を怖れる心も捨て、極楽を願う心も捨て、仏教の悟りも捨て、一切のことを捨てて申す念仏こそ、阿弥陀仏の本願にもっともかなうものなのです】

このように一遍は語っています。すべてを捨てた境地で称名念仏すれば、もはや仏もなく我もなく、すべてが念仏となる、そう言います。

仏道を、たったひと言、「捨ててこそ」と言いつくした一遍は、念仏も信心も捨てて、すべては南無阿弥陀仏と無境界化する仏道を提示しました。そして遊行しながら踊躍念仏する形態は、多くの芸能や半僧半俗の境界人を生み出したと言えるでしょう。

「捨てる」から「任せる」へ

法然によって再構築された仏教は、一遍において再度大きく変貌します。極めて日本的方向へと跳躍することになったとも言えるでしょう。

しばしば一遍は、法然・親鸞という流れではなく、平安浄土教である空也や融通念仏を主張した良忍の系列の中で捉えられてきました。というのも一遍には、鎌倉新仏教の特性である専修性よりも、平安浄土教に色濃く見られる呪術性やシンクレティズム（習合信仰）性が目につくからです。

また、日本的宗教性の方向という論点で、一遍を高く評価する視点もあります。例えば、哲学者の唐木順三は、一遍を法然・親鸞を超える存在としています。唐木によれば、一遍は「捨」から「任」へ達しているとのことです。仏教は自らのはからいを「捨てる」宗教ですが、一遍はすべてを「任せる」境地へと至ったというわけです。さらに唐木は「親鸞は八十六歳の『自然法爾《じねんほうに》』においてやっと一遍的世界に到達した」といった内容も述べています。

唐木は、「一遍によって、鎌倉新仏教は初めて『軽み』をもつにいたつた」としています（「無常」『唐木順三全集　第七巻』筑摩書房、一九六七年）。一遍には、法然、親鸞、道元、日蓮いずれも持ち得なかった「軽み」があるというのです。そして、「法然、親鸞の念仏宗の系統から出ながら、一遍は称名念仏行をその底の底まで徹底させた」とも述べています（「日本の心」『同　第九巻』一九六八年）。

その理由は、鎌倉仏教者達はいずれも「捨棄」を説いてそれを実行したけれど、「捨棄」という一点でもっとも徹底していたのは一遍だから、というものです。一遍は、空也の姿勢であった「捨ててこそ」を実践し、捨聖《すてひじり》と呼ばれました。しかし一遍はそこにとどまることなく、「任せる」へと昇華していきます。

唐木は以下のように書いています。

私はここに「捨」から「任」への転化をみる。捨てる、捨てることを捨てるといふ行為が、結局は自力のはからひであることは既に書いた。「任せる」ことにおいて他力、あるひは自も他もないところへ出たといふばかりでなく、そこにはじめて法然、親鸞において乏しかつた詩味、詩人の風懐がでてゐることをいひたいのである。(同右)

唐木によれば、法然・親鸞は「浄土と穢土」「煩悩と菩提」などが二元的に対立しており、しかもこの両者は最後までおのが罪業性を捨て得なかったとなります。そしてそれに対して一遍は「捨てる」という主体さえ無く、「任せる」という次元に到達している、それこそが融通無碍、自在の世界であるというわけです。

法然の「選択」とは「あれか、これか」という宗教的決断であり、法然や親鸞にはなお「自己」が残っている、しかし一遍のすべてを捨てきって「任」にまで至れば、もはや自己と他者や自然は同一である、ここにこそデカルト的二元性と対照的な日本の宗教心がある、と唐木は主張しています。

こうしてみると、一遍を日本浄土仏教の頂点とする視点の背景には、シンクレティズムこそ日本宗教文化の特性であるとする立場があることがわかります。現在でも、しばしば「キリスト教的宗教は二元対立構造であり、日本的宗教はすべてが一元化する構造である」と論じられていますが、その立場と軌を一にしていると言えます。

再びの中空構造

また、美学者であり哲学者でもあった柳宗悦も、一遍を浄土仏教の完成者と位置づけています。

柳は日本浄土仏教を「法然→親鸞→一遍」という展開の上でとらえています。このような視点の根拠は「同一化」「中空化」です。法然によって二項対立的に組替えられた仏道は、再び一遍によって同一化へと向かったという理路です。

柳宗悦は、その著『南無阿弥陀仏』（岩波文庫、一九八六年）の中で、「私は法然、親鸞、一遍を、三つの異る位置において見ようとするのではなく、この三者をむしろ一者の内面的発展のそれぞれの過程において見たいのである。三人ではあるが、一人格の表現として考えたいのである。この発展が如何に必然なものであり、有機的なものであるかを述べたいのである」としています。また次のようにも語っています。

（法然・親鸞・一遍）そのうちの一つを欠いても、三者は互にその歴史的意義を失うことを述べようとするのである。法然という礎の上に、親鸞の柱、一遍の棟が建てられているので、法然なくして親鸞も一遍もなく、また親鸞、一遍なくして法然もその存在の意味が弱まる。一人格が法然より親鸞に進み、親鸞より一遍へと移るのは、時代的展開であり内面的推移である。それ故法然は彼自らを親鸞に熟さしめ、更に一遍に高めしめたといってよい。三者はこれを異る三者に分つことが出来ぬ。（『南無阿弥陀仏』）

ここで柳は、法然・親鸞・一遍をひとつの分かち難い人格として捉えています。柳の理解は基本的に、日本浄土教思想は法然から親鸞へ、そして一遍へと高められ、止揚していったというものであり、この点において唐木の主張と通じています。

柳は、名号である「南無阿弥陀仏」を足がかりにして三者を比較し、一遍の位置を明確にしようとしています。自らの味わいに基づいた、なかなかユニークな比較です。少しその部分を読んでみましょう。

興味深いことに、浄土の法門が究められるにつれて、漸次その意味や内容に変遷を来した。内省せられた真理のおのずからな発展ともいえよう。「南無」は、「帰命」の意というが、

浄土宗では、身命を阿弥陀に捧げる意。
真宗では、阿弥陀の勅命に順う意。
時宗では、阿弥陀の命根に還る意。

(中略)この三つの立場を次のようにもいい改めることが出来よう。
法然上人はいう、仏を念ぜよ、さらば仏は必ず人を念じ給うと。
親鸞上人は説く、たとえ人が仏を念ぜずとも、仏が人を念じ給わぬ時はないと。
だが一遍上人はいう、仏も人もなく、念仏自らの念仏であると。(同前)

このような論考は、かつて鈴木大拙が『日本的霊性』で法然と親鸞を一人格と捉えたのを彷彿させます。禅を世界に紹介したことでも名高い仏教学者・鈴木大拙は、法然と親鸞はひとつの人格として見ることの重要性を説きました。そうでなければ、日本宗教の特性は読み解けないと考えたのです。

しかし柳は、日本浄土教思想の展開をこの三者に重ね合わせ、大拙がもし日本的霊性を語りたいならば一遍を視野に入れるべき、と考えていたようです。そして三者の展開を「必然的」であるとしています。この「必然的」という言葉からは、「日本的宗教性あるいは日本人の宗教心性は、この方向へと還元されてゆくのだ」という柳の思いを読み取ることができるでしょう。

確かに、一遍に至って、禅や密教、またその他仏教以外の宗教性までが、念仏と邂逅します。これは法然によって二項対立的に形成されていった中軸型仏教が、一遍によって再び中空的宗教構造へと還元されていったと言えます。このことを考えると、やはり日本の宗教とは、たとえ「一神教」的性格をもつ法然浄土仏教思想さえ、中空へと還元されてゆくのかと思わざるをえません。

ただ、「やはり、日本の宗教は結果的にすべて同一化することになるのだな。神仏習合の国だからな」とするのは早計です。日本でも、一向宗や法華宗などのように、しばしば一神教的宗教が大教線を誇ることになります。

一遍の仏道も、決して単純になんでもかんでも融合してしまったのではありません。唐木が指摘したように、一遍は「捨てる」「任せる」へと徹底していったのです。だからこそ、在家主義が発達する日本仏教の中でもめずらしく「遊行」という形態に行き着きます。

一遍思想は、一度法然の仏教脱構築の洗礼を通って再び根をおろしたものであるという点を考慮されねばならないでしょう。一遍以前のシンクレティズムと、一遍以後のシンクレティズムとは違うはずです。無自覚な習合信仰ではなく、捨てて捨てて捨て果てた結果に到達した無境界の世界なのです。

信不信を問わず

一遍が熊野本宮で感得する直前、象徴的な出来事がありました。

熊野山中で一遍は、あるひとりの僧と出会います。

「ここに一人の僧あり、聖すすめての給はく、『一念の信をおこして南無阿弥陀仏ととなへて、このふだをうけ給べし』と。僧云く、『いま一念の信心おこり侍らず。うけば妄語なるべし』とてうけず。ひじりの給はく、『仏教を信ずる心おはしまさずや。などかうけ給はざるべき』。僧、『経教をうたがはずといえども信心のおこらざる事はちからをよばざる事なり』と。

時にそこばくの道者あつまれり。此僧、もしうけずばみなうくまじきにて侍りければ、本意にあらずながら、『信心おこらずもうけ給へ』とて、僧に札をわたし給けり。これを見て道者みなことごとくうけ侍りぬ。僧はゆくかたをしらず」（『聖絵』）

【一人の僧に出会いました。一遍上人は「一念の信心をおこして、南無阿弥陀仏と称え、このお札を受け取ってください」と勧めました。僧は「今、一念の信心がおきません。それなのに受け取れば妄語の罪を犯すことになります」と言って、受け取りません。一遍上人は「仏教の教えを信じる心がおありではないでしょうか。それがあれば、お受けくださらぬということはございませんでしょう」と応えます。僧は言います、「経典や教えを疑っているわけではありませんが、信心がおこらないのはどうにもならないことなのです」。

その時、まわりには何人かの熊野道者が集まっていました。一遍上人は、この僧がお札を受け取らなければ、この人たちも受け取らなくなってしまうだろうと思われたので、本意ではありませんでしたが、「信心がおきなくても受け取ってください」と、僧にお札をお渡しになりました。これを見て、道者たちもみんな受け取られました。その僧は、どこに行ったのか、わからなくなりました】

この出来事は、その後の一遍に大きな影響を与えます。

一遍は、この僧によって信心の問題を突きつけられた格好となりました。「信心のおこらない人」とどう向き合うのか。救い型宗教が避けては通れないジレンマです。そして一遍の踏み出した方向は、「信・不信を問わず」といったものでした。

聖俗の逆転

一遍には次のような語録が残っています。

「念仏の機に三品あり、上根は妻子を帯し家に在りながら、著《ちゃく》せずして往生す。中根は妻子を棄つるといへども、住処と衣食を帯して、著せずして往生す。下根は万事に捨離して往生す」（『播州法語集』）

【念仏者には三種類あります。もっともすばらしい念仏者は「家族をもち、在家でありながら、それに執着することなく、みごと往生する者」、次にすばらしい念仏者は「家族はもたないが、在家にありながら、執着することなく往生する者」、そして最低の念仏者は「家庭をもったり、在家で暮らすと、それに執着してしまうので、すべてを捨てて往生する者」です】

宗教研究者にとって、この一遍の言葉はとても興味深いものです。また、日本の宗教や日本仏教を考察する上でも、かなりインパクトのある言説でしょう。

ここで語られている上・中・下根の分類は、仏教から見ればまことに奇妙です。ここでは、妻帯在家生活をしながらの往生が、出家生活の往生より上位に捉えられているからです。

これに一遍は、「在俗にありながらなおそれに執らわれないことこそ最上なのだ、そうできない者が仕方なく出家するのである」という解釈をつけています。これでは仏教の形態そのものが転倒してしまいます。

浄土三部経のひとつ、『無量寿経』に語られる三輩では、上輩とは「家を捨て、欲を捨てた者」、中輩とは「家や欲を捨てることはできないが、善根を積む者」、下輩とは「ただそのままで仏を念ずる者」としています。これが本来の仏教の立場です。仏教では、在家より出家、破戒より持戒が上位に捉えられてきました。現在でも、世界の大部分の仏教はそうなっています。

このような仏教的ヒエラルキーを解体したのが法然でした。このことは第一章で見た通りです。

そして一遍に至って、出家より在家生活、世俗のただ中に住する仏教者、戒律に執られない念仏者こそが上位に位置するという逆転が行われます。一遍が語った上・中・下根と、『無量寿経』の上・中・下輩とを見比べてください。逆さまになっています。なんとラディカルなのでしょうか。一遍が構築した仏道は、「すべてを同一化する傾向にある」といった日本文化論だけで捉えることはできないでしょう。

実は、「普通に世俗を生き抜きながら、しかもそれに執られない」ところに理想をおく思想は、決して一遍が好き勝手に主張したわけではありません。第一章でも紹介した『維摩経』などにも、同じ教えを見ることができます。『維摩経』では、「普通に世俗を生き抜きながら、しかもそれに執らわれないのが最高の境地である」と説かれています。だから、一遍の仏道は、ある意味、大乗仏教の目指す地平でもあったわけです。

このような思想基盤をもっていた一遍は、漂泊する最下層の民としての生き様を選択します。一遍が「捨聖」と呼ばれるゆえんです。

すべてを吸収する一遍の思想

一遍は西山派の聖達に影響を受けていますが、禅師の法燈国師覚心とも接近しています。一遍にはいわゆる浄土仏教で言うところの自力と他力の境界は明確ではありません。
「然ば、名号の外に能帰の衆生もなく、所帰の法もなく、能覚の人もなきなり。是則ち、自力他力を絶し、機法を絶する所を、南無阿弥陀仏といへり」(『播州法語集』)
【そうであるならば、「南無阿弥陀仏の名号」のほかに帰依する者もなく、帰依されるべき教えもなく、悟る人もいない。つまり、自力や他力ということもなくなり、帰依す

る側も帰依される側もなくなる。それを南無阿弥陀仏と言うのである】

一遍思想の特性は、このような同一化・無境界化にあることは間違いありません。前述のように、一度は法然を経過しているので、単純に土俗の信仰や呪術などと融合したわけではない。しかし、すべての垣根を捨てていくため、「ただ南無阿弥陀仏の名号のみ」へと帰一します。

もはや一遍には、一念も多念も、信も不信も、臨終も平生もありません。すでに救済側と被救済者さえも無境界化しています。聖と俗との境界も不明瞭です。まさに、「称ふれば仏もわれもなかりけり」です。そして名号の札を配布する「賦算」という行為様式を生み出します。

以下に挙げた語録を見ると、一遍は六字の名号が一切を包摂する世界を感得していたことがわかります。余計なものを削ぎ落としてしまえば、そこにあるのは南無阿弥陀仏だけ……。そしてその六字の名号が浄土へと往生するのであり、六字の名号が悟りそのものであるわけです。

「熊野の本地は弥陀なり。和光同塵して念仏すすめ給はん為に神と現じ給なり」（『播州法語集』）

【熊野権現の真の姿は阿弥陀仏である。（仏教に縁の無い人を救うために）本来の姿を和らげて、人々が受け入れやすいよう日本の神となって現れてくださったのである】

「我が法門は熊野の御夢想の口伝なり。（中略）南無阿弥陀仏が往生するなり」（『播州法語集』）

【私の教えは熊野権現の夢のお告げによって伝えられたものである。（中略）南無阿弥陀仏が往生するのである】

「法華と名号とは一体なり」（『播州法語集』）

【『法華経』の教えと南無阿弥陀仏の名号は一体である】

このように、一遍には念仏、禅、密教的要素を確認することができるだけでなく、土俗、習俗的信仰も取り込まれ、同一化していることがよくわかります。それにしても

「南無阿弥陀仏が往生する」とは、すごい表現ですね。

日本浄土仏教の着地点

さらに、日本仏教の特性のひとつといわれる「即身成仏」的解釈も一遍には見ることができます。

「三世裁断の名号に帰入しぬれば、無始無終の往生なり。（中略）南無阿弥陀仏には臨終なし、平生なし」（『播州法語集』）
【現在・過去・未来を超える名号へと帰って行けば、もはや生も死も超えた往生である。（中略）ゆえに南無阿弥陀仏の名号には、臨終も平生もない】

名号と不二となり、我と弥陀の境界は無化し、もはや成仏である、と一遍は考えていたようです。ここで「臨終なし、平生もなし」と語っているのは、多念義系は「臨終の来迎往生」、一念義系は「平生に往生が決定する」と主張していたことに対する言説だろうと思われます。それに対して一遍は、南無阿弥陀仏へと帰ってしまえば、そんなことはもう成り立たないのだ、そう説いているわけです。

また、一遍は「念仏三昧、即弥陀なり」（『播州法語集』）と明確に述べています。つまり、身も心も念仏と成りきれば、それはすなわち阿弥陀仏そのものなのだ、と言うのです。この点は法然や親鸞の浄土仏教とは大きく違うところです。法然にも親鸞にも、このような思想は見られません。

このような「即身成仏」的往生論は、一念義的立場と密教の影響が習合して成立したのだろうと思われます。一遍の歩んだ道筋には、当時日本宗教がもっていた特徴的な要素のほとんどが混入されているわけです。そして究極的にはそれらがすべて捨てられて、名号に帰一します。名号は往生そのものであり、悟りの世界そのものであり、現在・過去・未来を超える普遍的存在である。この名号と私は、念仏の一念に合一する。そのようなイメージをもっていたのでしょう。

法然によって構築された「（本来、悟り型宗教である）仏教における救い型宗教」の浄土仏教は、一遍によって中空構造型の宗教的心性である「中空・同質化」の傾向が強化されることにより、ある意味、ひとつの完成形態となります。すべてを吸収してしまうと同時に、すべてを捨てていく一遍思想は、仏教思想史上においても特筆すべき結実でしょう。

そしてさらに、一遍にはもうひとつ注目すべき要素があります。それは彼の身体性です。

一遍の身体性

『一遍聖絵』の描写を観察してみると、一遍がとても高い身体性を有していたことがよくわかります。

例えば、『聖絵』の第四巻─第五段では信濃国小田切の武家館の廊下で鉢を叩いている姿、第七巻─第三段の市屋で踊る様子（左ページの写真）など、足を上げ、裾を翻し、鳴り物を叩くその身体的表出は、法然や親鸞には見られないものです。

この場合の身体性とは、身体に関わる行為・認識・感覚・表現などの現象を指します。さらには哲学者の星敏雄が指摘するように、内面や知性との密接な関係をも包括する概念です。

かつて現代思想家のメルロ＝ポンティは身体性の問題を提起して、「身体性の哲学者」と呼ばれました。また、文化人類学者メアリー・ダグラスは『象徴としての身体』の中

《一遍上人伝絵巻　巻第七》　東京国立博物館

で、現代社会は次第に身体を軽視する方向へと行くだろうと指摘しました。近代社会のベースにあるキリスト教プロテスタンティズムは内面への志向が強く、身体性や儀礼性を軽視する傾向をもっているからです。このことは、現代を生きる私たちにとって、重要な警告だろうと思われます。つまり、私たちは「身体性が枯れやすい社会」に身を置いているということです。近年、お遍路や呼吸法や瞑想などリアルな身体的宗教体験に強い魅力を感じる人々が増えているのは、その反動ではないかと思われます。

さて、法然・親鸞・一遍、三者の思想において、もっとも身体性が低いのは親鸞でしょう。親鸞は、内面へと向き合う傾向が強いうえに、修行という枠組みもはずしてしまいます。修行・精進して悟りを開くといった道程に絶望しているからです。親鸞の教えによって成立した真宗教団も、身体性や行為性を避けて信心を強調する傾向にあります。ですから多くの論者が、自力をいましめる親鸞思想や真宗の教義では身体性や行為性が否定されがちである、としています。

ただ、この点に関して、鈴木大拙の注目すべき指摘があります。大拙は『日本的霊性』の中で「大地性」という用語を使って親鸞を語り、親鸞は流罪の地で初めて霊性を花開かせた、京都にとどまっていては宗教的な成熟を成し得なかったであろう、と繰り返し述べています。

大拙が語る「大地性」とは、具体的であり、リアルであることを指すようです。概念的観念的なものではなく、生活に密着し、生命に立脚していることです。言説の奥に潜む親鸞の身体性を見抜いた大拙は、それを「大地性」と表現しました。もし、大拙の推論が的を射たものであるとするならば、親鸞は自らの身体性がとても高いことを自覚していたがゆえに、身体性を抑圧する言説を打ち立てたのかもしれません。

一方、親鸞に比べると、法然は思想の中軸に「称名念仏」という実践行為があります。だから、一遍ほど旺盛ではないにしても、親鸞よりは身体性が高い思想体系を構築したと言えるでしょう。

法然は、善導の文章である「一心に弥陀の名号を専念して、行住坐臥《ぎょうじゅうざが》に時節の久近《くごん》を問はず、念々に捨てざるは、これを正定の業と名づく。かの仏願に順ずるがゆゑに」【ただひたすら阿弥陀仏の名号を称える。寝ても覚めても常に称え続ける。これこそが阿弥陀仏の本願にかなう正しい行いなのである】と出会って以来、生涯おこたることなく称名念仏を続けました。時には独りで、時には大勢で、時には集中して、時にはゆっくりと、ずっと称え続けたのです。法然は、生活形態や内面よりも、つねに称名念仏が先行しています。その意味で、法然思想は「救い型宗教」にしばしばみられる「内面重視傾向」を上回るだけの身体性を有していたように思います。

それでは一遍はどうでしょう。

「はねばはねよ　踊らばをどれ　春駒の　のりの道をば　しる人ぞしる」（『聖絵』）
【跳んだり跳ねたり、踊ったりすればよい。春の野に遊ぶ馬に乗るように。まことの仏法（馬に乗ると、法《のり》を掛けている）の道は、心ある人にはわかるのだ】

このように、仏道と身体表現とを同軌道視しています。

『聖絵』や『野守鏡《のもりのかがみ》』などによれば、この歌は、延暦寺の僧侶である重豪が「踊りながら念仏するとは、けしからん」と非難したことに対して、一遍が詠んだものであると言われています。頭でっかちに理屈で念仏を理解するのではなく、宗教的喜びを身体で表出する一遍の方向性がよくわかる歌です。

ちなみに、重豪はさらに「心が鎮まっておればそのように踊ったり飛び跳ねたりする必要はないではないか」と反論したようです。踊躍念仏は、『無量寿経』の「踊躍大歓喜」や善導の「踊躍して西方に入る」等がその根拠であるとされていますが、「いくら踊躍して喜ぶとお経に書いてあるからといって、それは喜びの大きさを表したものである。本当に踊るやつがあるか」という批判だったのでしょう。すると一遍は、「ともはねよ　かくても踊れ　心駒　弥陀の御法と　聞くぞうれしき」と再応答します。そんなこと言っても、私も心は阿弥陀仏の教えに出会った喜びであふれているから、とにかく跳ねて踊っているのですよ、そんな返歌です。一遍の宗教性と身体性がいかに直結しているかを知ることができます。

いずれにしても、法然や親鸞に比べて、一遍の身体性への傾斜は突出しています。法然は念仏を称名という発声行為へと重心を移行させましたが、一遍は念仏を身体表現行為へと読み換えていきます。

考えてみれば、一遍浄土仏教の特徴である「踊躍」「遊行」「賦算」など、どれもことごとく高い身体性に支えられています。身体性を否定する傾向にある浄土仏教体系の中において、一遍が積極的に身体性を発揮させたことは再評価されねばならないでしょう。

一遍を生み出した場

一遍の身体性は、どのような経緯で成熟していったのでしょうか。あるいは、一遍の身体性を支えたものはなんだったのでしょうか。

もちろん、大きな要素として、一遍自身の特性があるでしょう。おそらく高い身体的ポテンシャルをもった人物だったと思われます。

そもそも、身体とは不合理なものです。制御し尽くしコントロール下におくことはできないのが身体です。だから、やりたくないのにやめられない、なんてことになります。思いに反して身体が求める。意図しているのに身体は動かない。頭では納得していても、身体が拒否することもあります。

たとえば、外国人のお宅に招かれたとします。玄関先に靴を脱ごうとすると、ホストの外国人が「ウチは古い畳を絨毯代わりに使っています。ですから、どうぞそのまま土足で上がってください」と言います。なるほど、古畳の活用であり、いいことじゃないか、などとあなたは納得します。しかし、土足で畳を歩くことを身体はとても嫌がる。そんなことが起こります。

実は、私はこの手の体験をしたことがあるのです。そのときは「ああ、なんと身体は不合理なんだ」と実感しました。

身体がもつポテンシャルと不合理性をうまく引き受けるために、一遍は遊行という形態を選択したのかもしれません。いわば、身体性を強く外界に向けて発揮させることで、おさまりをつけるといった感じです。一遍の上・中・下根の三根観は、法然にも親鸞にも見ることができない独特のものなのですが、それは「自分の高い身体性では、とても執着せずに生活することはできない」と語っているようにも思えるからです。

あるいは、「自分は常に身体性を発揮せずにはおられない業を背負った宗教者なのだ」という叫びのようでもあります。

そして、一遍の高い身体性の背景には、個人的な特性とは別に、「場」という要件があったのではないかと思われます。『聖絵』によれば、一遍が身体性を発揮した「場」は、主に「辻（街道が交差する場）」や「市（交易が行われる場）」であったことがわかります。

時衆研究者の金井清光が指摘するように、「辻」や「市」は穢れや忌みからも逸脱した場であり、死と生の境界であり、経済や宗教が交錯する特異なトポスです。漂泊する者は、このような「場」を往来します。一遍は各地でこのような「場」と関わり、さらに身体性を発達させたに違いありません。

歴史学者の五味文彦は、一遍は遊行を通して各地の芸能と出会った結果、踊躍念仏へと行き着いた、そう指摘しています。また五味は「身体への関心は芸能へと向かう」とも述べています。こうなってくると、一遍への興味はさらに拡がります。宗教と芸能はとても密接な関係にありますから。民俗学者の折口信夫は「平安末期以降に成立した芸能で、踊躍念仏の影響を受けていないものを見つけるのは困難である」と述べており、同じく民俗学者の五来重は「日本の芸能の源流は、その大部分を踊躍念仏に求めることができる」と言います。

当時の時衆の踊躍念仏も、『聖絵』に見られるように、舞台を使った芸能として成立するほどの身体表現でした。そこで生み出される宗教的熱狂は、その場にいる人々の身心を共鳴させたことでしょう。いわば、「信じる」よりも「感じる」といったところでしょうか。「踊る」「踏む」「叩く」「舞う」、そして「その場を感じる」のです。宗教の教義というものは、信じる人と信じない人とを分けてしまいます。しかし、そこに芸能的要素が融合することで、信じる人と信じない人との境界を無化することが可能です。思想や信条や理念よりも、その場を感じることが先行する。時衆集団には、そんな特性を見てとることができます。

さらに、この「場」の機能を発揮させたものは、一遍が選択した「遊行」の形態であり、「漂泊」の形態だったはずです。時衆集団は、定住しないことによって、一般の人々に聖なる存在として受け入れられたと思われます。時衆のように、芸能的要素をもった異形の宗教集団は、いかにも非日常の存在です。非日常は聖性を帯びることになりますからね。

つまり、一遍自身の身体的ポテンシャルに加えて、アジールのような場、そして遊行の形態、芸能的要素、これらの混在が稀有な念仏者を生み出したのです。

一念義と時衆への批判

ここでもう一度、第一章の最後でも触れた一念義と多念義について振り返りながら、時衆（時宗）への批判を見てみましょう。というのも、一念義の特徴が時衆の特徴と重なる部分が多いからです。

一念義に対して、もっとも厳しく批判したのは、法然門下の弁長です。弁長は、現在の浄土宗の系統を生み出した人物です。

弁長は、一念義の人々が「悪を為してもかまわない」「悪を怖れるのは、阿弥陀仏の救いを疑っている証拠だ」などと主張して放逸の生活を送る態度を、邪義だと批判しました。一念義は、モラルの面で問題があるというわけです。

「サテ罪ヲ恐ルル人モ其ノ法ニ任テ罪ヲ造リ、六斎十斎ノ斎戒ノ人モ其ノ日ヨリ狩魚ヲシ、尼法師ハ袈裟ヲ懸ケナガラ魚鳥ヲ食ヒ、人ノ見聞ヲ憚ラズ。（中略）人目ヲ恥ルヲ虚仮ノ念仏也ト笑テ、本願念仏ノ深サハ人目ヲツツム事更ニ無トテ、黒衣ト女ト二人ツレテアルキ、或ハ尼ト法師ト二人憚ラズ、墨染ノ肩ノ上ニ魚ヲ持チ、尼ノ黒衣ノ袖ノ上ニニラキヲツツム」（『念仏名義集』）

【罪をつくることを怖れていた人も、一念義の教えを受けて罪をつくるようになる。精進潔斎する日を守っていた人も、この教えですぐに殺生をするようになる。尼僧や法師は袈裟を身につけながら、魚や鳥を食べ、人目もはばからない。（中略）人目を恥じるのは（阿弥陀仏の本願を信じていない証拠だから）ニセモノの念仏だなどと笑い、本願の念仏を信じていれば人目を気にすることもないとして、法衣を着た者と女性とが二人づれで歩いている。あるいは、尼僧と法師と二人が人目もはばからず一緒にいて、墨染の法衣の肩に魚をかつぎ、尼僧は黒衣の袖で生臭い野菜を包んでいる】

このように、一念義の人たちの破戒ぶり放逸ぶりを描写しています。また弁長は、一念義は数多く念仏を称えることを否定するだけでなく、「秘事化」「神秘主義化」する傾向にあって、口先の観念であり非実践的であると非難しています。

当時、「破戒を怖れることは阿弥陀仏の（どのような人も救うという）本願を疑っている証拠である」などと言って、罪を怖れず、むしろ破戒を誇る風潮まであったようです。さらには、人目もはばからず、僧谷男女関係がみだらになっていることも指摘しています。これらは、後に「本願ぼこり」などと呼ばれて異端視された風潮なのですが、このような偏向ぶりは一念義の人たちに顕著だったというわけです。

そして、他力救済を強調する一念義に対して、多念義系統は仏教倫理において保守的でした。つまり、当時の法然教団において、極端な一念義は問題視されていたのです。法然が比叡山に提出した『七箇条起請文』には、「他の仏教の立場と対立しないこと」「淫酒食肉を勧めて戒律を守る人々を誹《そし》らないように」などと書いてあり、これに門弟達が署名しています。

法然はこの他にも手紙などで、行き過ぎた一念義を批判する文章を書いており、一部の先鋭派にかなり苦慮していたことがわかります。どうも一念義系の人々は公然と妻帯していたようです。このことは、法然門下の中でも顰蹙をかっていました。

法然教団を批判した「興福寺奏状」では、「囲棊《いき》双六は専修に乖《そむ》かず、女犯肉食は往生を妨げず、末世の持戒は市中の虎なり」【ゲームや賭博も専修念仏の道にそむいておらず、性行為や肉食も往生の妨げにはならない。この末法の世には戒律を守ることは、市中にいる虎のようなものだ】などと言い放つやからがいると言及しています。これも、一念義系の人々を指すものであったと思われます。

そして、このような批判は、時衆の人々へ向けられた批判に似ています。例えば、十三世紀の『天狗草紙』では次のような描写があります。

「念仏する時は、頭をふり、肩をゆりて、おどる事野馬のごとし、さはがしき事山猿にことならず。男女根をかくすことなく、食物をつかみくひ」

【念仏をする時は、頭を振り、肩を揺すり、野生の馬のように踊る。山猿のように騒がしい。男性も女性も性器が丸出しで、食物をつかんで食べている】

時衆の人たちを指して、ひどい書き方をしています。少々悪意がある文章ですので、誇張した部分もあるでしょう。しかし、カルト教団のように見ている人もいたのでしょうね。民衆が万病に効くと信じて、一遍の尿を竹の筒から飲んでいる場面が描かれていますから。

もともと一遍の思想には、一念義系の影響があったと思われます。一遍が大きな影響を受けたであろうと思われる証空は、あらゆる雑多な善根も念仏へと通じている、と説きました。弁長などと比べれば、証空の思想はやや一念義的性格をもっています。

証空の『白木念仏法語』には、次のような文章があります。

「定散《じょうさん》の色どり一もなき称名なれども、前念の名号に諸仏の万徳を摂する故に、心水泥濁に染まず、無上功徳を生ずるなり」

【仏教が説く善をひとつとして実践できる身ではない者が称える念仏ではあるけれども、名号にすべての仏さまの徳がこめられているので、心は泥に染まることなく、限りない功徳が生じるのである】

「罪や煩悩に縛られた身である私が称える念仏ではあるけれど、名号はすべての徳を具えているので、私の煩悩にも染まらないのだ」と説かれています。証空の思想を一念義だとすることは間違っていますが、このような教えは一念義的傾向であると言えます。

また、法然が「念仏だけを選び取り、他の行を捨てる」という姿勢を重視したのに比べると、証空は「様々な行も結局は念仏へ名号へと帰一する」としています。ここに一遍の「すべては名号へ」といった仏道のプロトタイプを見ることができます。そしてこの傾向を極限にまで推し進めた形態が一遍智真という僧なのです。

もちろん、一念義と時衆を単純に重ねるわけにもいきません。社会規範からはずれていると批判された部分が似ているということです。

一念義と時衆との相違点を挙げることもできます。「興福寺奏状」は、「念仏のやからは神さまをないがしろにしている」と非難していますが、一遍や時衆にはこのような点は見受けられません。一遍は神仏を融合的に捉え、あらゆる聖性を尊ぶ方向性をもっていました。

ただ南無阿弥陀仏がそこにある

一遍において「信」はどのように語られているのでしょう。

すでに何度も述べてきたように、一遍思想の顕著な特色は「すべては名号に帰一する」ところです。ここがポイントです。

日本浄土仏教では、『観無量寿経』に説かれている「三心」、すなわち「至誠心・深心・廻向発願心」を念仏者の信心の内実とします。善導もこの「三心」を重視しました。法然が信心を語る場合も、この「三心」が基本となります。「至誠心・深心・廻向発願心」を、一遍は次のように解釈しています。

「至誠心は、自力我執の心を捨て、弥陀に帰するを真実の体とす」(『播州法語集』)

【至誠心とは、自力の我執の心を捨てて、阿弥陀仏に帰依する真実がその本体である】

「深心は、自身現是罪悪生死凡夫と釈して、煩悩具足の身とおもひしりて、本願に帰するを体とす。本願といふは名号なり」(『播州法語集』)

【深心とは、自分自身を罪深い迷いの凡夫であると理解し、煩悩を具えた身であることを自覚して、本願へと帰ることである。これが深心の本体である。本願とは名号のことである】

「廻向といふは、自力我執の時の諸善と、名号所具の善と一味するとき、能帰所帰一体となりて、南無阿弥陀仏とあらはるるなり」(『播州法語集』)

【廻向発願心というのは、自力の我執の身で行うさまざまな善と、名号が具えているさまざまな善とが一体となるとき、帰依する側と帰依される側とが一体となって、南無阿弥陀仏として現れることである】

凡夫の心が名号と同一化するときを信心としています。

そして、さらに突き詰めて言えば、一遍は信心も「捨てる」と言い放つのです。親鸞が徹底的に自己を掘り下げ、それでもこの身がある限り煩悩は捨てられない、と告白し、どこまでも問題にした三心を、いともあっさり「捨てる」と表現するのです。さすが捨聖と呼ばれる人物です。

ここで述べられている「一味」「能帰所帰一体」といった表現でもわかるように、人と仏、我と南無阿弥陀仏が即一となる世界こそ一遍が求めたものでした。そして「信」も「不信」も名号と一体化し往生すると言います。「すべてを捨てると、ただ南無阿弥陀仏だけがそこにある」、それが一遍の仏教だということです。『播州法語集』には、「三心は即施即廃して、独一の南無阿弥陀仏なり」とあります。浄土仏教というより名号仏教のごとき様相となります。

他力の信心も無に帰し、行も信も捨て果てたところの名号。一遍は、もはやすべての境界が消滅している世界を「名号」と呼んでいます。

このような一遍思想の根底には、前出の証空の「白木の念仏」があると思われます。『白木念仏法語』では、「自力の人は念仏を色どるなり」とあります。おもしろい表現ではありませんか。自力とは、念仏に色をつけるようなものであると言うのです。証空は「信心とは白木に帰る心である」としています。

「申せば生ると信じて、ほれぼれと南無阿弥陀仏と唱ふるが本願の念仏にてはあるなり。これを白木の念仏とはいふなり」（『白木念仏法語』）
【念仏を称えれば必ず浄土へ往生できると信じて、ただほれぼれと称えるのが本願の念仏である。これを白木の念仏と言うのである】

何の色取りもなく、ただほれぼれと称える南無阿弥陀仏、それこそ理想の念仏なのです。白木の念仏こそが他力の念仏だとしています。

あくまでも一切衆生の救済

一遍の仏道において、もうひとつ注目すべき点は「熊野神勅」です。熊野権現によるお告げのことです。この啓示によって、一遍はおのれの信心を確立しています。
神による啓示体験は、一遍の信心を理解する上で重要です。熊野をはじめとして、一遍が何度も啓示を体験している事実は、彼のカリスマ性へとつながっています。

また啓示体験と、賦算の実践も密接に関連しています。私見ですが、一遍という人からは、どこか「その瞬間に強くきらめく」といった印象を受けます。名号が書いてあるお札によって、念仏も信心も、善も悪も、知性も悟りも、すべてが無化してしまう。

一遍は、念仏も信心も「捨てる」と語ります。このような一遍の宗教性を、宗教学者の堀一郎は「庶民性」と呼んでいます。

一遍の主眼は、あくまでも一切衆生の救済にありました。庶民の中へと飛び込み、賦算や踊躍念仏を行う。それは、大乗仏教の精神であるところの「あらゆる人々が等しく救われる」ことを志向した果てにたどりついた形態だったのです。だからこそ一遍の教えは、異質なものを次々と包摂し、同一化し、無化していくベクトルをもっていたわけです。

「南無阿弥陀仏の名号によって救済される」という体系には、西山派の教理を骨子としつつ、密教的な即身成仏の要素や禅的な融通無碍性も見受けられます。そして平安浄土教から受け継いだ遊行の実践、熊野権現信仰や漂泊といった民俗信仰の形態も内包しています。

一遍の思想には、平安仏教・法然浄土仏教・日本民俗信仰が融合し、昇華した成熟性を見ることができます。

我等は下根の者なれば

一遍の強い身体性と卓抜した表現力、そして民衆を魅了したカリスマ性、さらには独特の三根観は、日本仏教におけるひとつの到達点としてもっと高く評価すべきでしょう。

ここで、気になる三根についてもう少し考察してみましょう。そもそも三根は天台宗学において使用されることが多い用語で、衆生を善悪の度合いによって分ける概念です。通常、浄土仏教では上輩・中輩・下輩の「三輩」や、上品《じょうぼん》・中品《ちゅうぼん》・下品《げぼん》をさらに細分した「九品」で語られることが多いのですが、一遍は三根の分類を使っています。そして、妻帯在家生活における往生を、出家生活や遊行生活の往生よりも上位にすえました。

『播州法語集』では、「三根」の文章に続いて、「『無量寿経』の三輩とは相違していますが?」と、一遍への問いが書かれています。それに対して一遍は「生活の形態よりも、内面が問題なのだ。執着しないのが上輩なのである」と述べています。そして、自らを「遊行でもしなければ、とても執着を捨てることができない最低の者である」と捉えるのです。「我等は下根の者なれば」（『播州法語集』）という覚悟こそ、一遍の人間観の基軸なのです。

一遍が提示した「出家よりも在家生活」「世俗のただ中に住する仏教者」「戒律にとらわれない念仏者」こそが上位に位置づけられる視点は、日本仏教における最大の特徴のひとつである半僧半俗の形態を、根底から支えているように思われます。日本仏教を考察する上で、この一遍の思想を避けて通ることはできないでしょう。

それでは、法然の三輩観はどのようなものだったのでしょうか。法然は『選択集』において、「善導の『観念法門』や『無量寿経』によれば、人間の本性は上・中・下と三輩に分けることができる。三輩の別があるとは言え、それぞれの立場で称名念仏すれば浄土へと往生できるのだ。だから、どの人も共に『念仏往生』なのである」と述べています。

つまり、善導の言う通り三輩の相違はあるものの、念仏往生という点での差異はないとするのです。さすがに法然、念仏往生の立ち位置からビクともしないといった感があります。

親鸞の三輩観はどうなのでしょう。

親鸞の三輩段の解釈は、法然の教えに沿ったものです。すなわち、経典には表面上「三輩・九品」の相違が語られているが、経の真意はすべての衆生を救うことを説いているのだ、と言うのです。このような捉え方は、とても親鸞らしいと思います。なぜなら、親鸞には「顕彰隠密《けんしょうおんみつ》」という独特の思想があるからです。「顕彰隠密」とは、「経典には、表現されている顕の世界と、その真意である隠の世界とがある」とするものです。つまり、本音と建前のように、表面的に語られたメッセージと、その裏にある真相であるメタメッセージがあるというわけです。親鸞はこの「顕彰隠密」によって、浄土三部経の解釈を始め、さまざまな場面でユニークな論を展開しています。そして、三輩においても、隠顕構造があるとしているのですね。

とにかく、法然にしても、親鸞にしても、三輩九品の相違を重要視していないのです。それは間違いありません。むしろ、どの機根も等しく念仏往生するというところに重心をおいていることが明白です。

そして、法然にも親鸞にも、一遍のような「三根の逆転構造」を明確に確認することはできません。一遍の人間観がいかに独特の価値体系を有しているかがわかります。ついでに言いますと、一遍のような三根観は、一遍思想と近似性が高い※『安心決定鈔《あんじんけつじょうしょう》』

などにも確認することはできません。

※誰が、いつ、どこで撰述したものか不明であり、永く真宗教団の聖教として取り扱われていましたが、近年の研究では西山派の人物の手によるものだと考えられています。ある意味、西山派浄土仏教思想の典型ともいうべき内容です。

第四章　三祖が紡いだ日本浄土仏教

三者の特性を俯瞰すれば

信心は称名念仏とともに形成されていく、として宗教行為の実践を主軸とした法然。

信心を「如来よりたまわりたるもの」と表現した親鸞。

念仏も信心も無用と捨てきった一遍。

三者は同じ浄土仏教思想に立ちながら、信心という側面を取り上げただけでも、それぞれの特性を提示してくれます。

ここまで、法然、親鸞、一遍と順に見てきました。そしてその都度、三者の特徴的な部分を照らし合わせたのですが、本章では、ここまでに取り上げることができなかったところを比較検討しましょう。

まずは、三者それぞれを組み合わせて、気になるところを再考してみます。その上で三者を俯瞰し、さらには筆者が個人的に興味ある個別のテーマに眼を向けてみたいと思います。

法然と一遍

法然と一遍とを並べてみましょう。

すでに見たように、法然と一遍はその思想構造において対照的であると言えます。法然の思想が二項対立による取捨選択の論理（中軸構造）であるのに対して、一遍の思想はすべてが無境界化する中空型構造で成り立っています。

一遍の仏道を再確認してみます。

「自力他力は初門の事なり。自他の位を打捨て、唯一念仏なるを他力といふなり。熊野権現、『信不信をいはず、有罪無罪を論ぜず、南無阿弥陀仏が往生するぞ』と示現し給ひし時、自力我執を打払ふて法師は領解したりと云々」（『播州法語集』）

【自力や他力と区別するのは初門の段階である。自他の区別を捨てて、ただ念仏ひとつとなるのが他力なのである。熊野権現が「信・不信を言わず、有罪・無罪を論ぜず、ただ南無阿弥陀仏が往生するのだ」と示してくださった時に、自力の我執を打ち捨てて、教えを受けとめることができた】

一遍は、常に「信も不信もなく、ただ名号が往生する」と語っていたそうです。このように、すべてが無境界化して均質化する性格をもった思想を、本書では中空型と呼んでいます。中空型では、二項対立・二者択一が起こらず、すべてが融合・無化します。

これに対して法然は、仏教体系を二項対立で捉え、その中からただひとつ「称名念仏の道」を選び取るといったものでした。それが法然の仏道であり、とてもクリアな性格をもっています。次の文章を読んでみましょう。

「本願念仏には、ひとりだちをせさせて、助《すけ》をささぬなり。助さす程の人は、極楽の辺地にむまる。すけと申すは、智慧をも助にさし、持戒をもすけにさし、道心をも助にさし、慈悲をもすけにさす也。それに善人は善人ながら念仏し、悪人は悪人ながら念仏して、ただむまれつきのままにて念仏する人を念仏にすけささぬとは申すなり」(『禅勝房伝説の詞』)

【本願念仏は独立したものであって、何かの補助を必要としない。他の補助を必要とする念仏者は、極楽の辺境に生まれるのである。この場合の「補助を必要とする念仏」というのは、智慧や持戒や道心や慈悲を必要とする念仏を指す。何か別の要素が必要なのではなく、善人は善人のまま念仏し、悪人は悪人のまま念仏する。ただ生まれつきのままで念仏する人を、補助を必要としない念仏と言うのである】

　ここでは、法然が「助ささぬ念仏」という表現を使って語っています。これは法然思想の性格をよく表しています。ただ称名念仏だけを選び取ることによって浄土往生が成り立つ。称名念仏以外の余分なものは周辺に配置する。とにかく、ひたすらその身のままで念仏すること、法然はこれを明確な基軸としていることがわかります。

　だから、法然の念仏に補助は必要ありません。法然にとっては宗教成立の基盤である信心さえも、称名念仏のプロセス上において語られることは既述の通りです。

　法然が語る信心は、一遍の信心とは明確に相違します。一遍が語る信心は、自らを捨てきって阿弥陀仏と一味和合する状態を指しています。しかし、法然が語る信心は、善導の解釈に従って、仏と私との二元的構図になっています。「たのみ奉る」「疑いがない」という形態です。

　法然が仏道を自力と他力に分類したのも同様です。これを一遍は融合してしまいます。やはり一遍は、法然が解体―再構築した仏教を、もう一度攪拌《かくはん》したと結論づけてもよさそうに思えます。前章で述べたように一遍は、法然―親鸞のラインで捉えるのではなく、平安浄土教上に位置されます。それはやはり、一遍思想が中空型の構造をもっているからです。

日本の宗教形態を概観すれば、法然や親鸞の思想構造が稀なのであって、一遍の方がスタンダードだと言えます。それにしても、稀な存在だったはずの法然や親鸞を祖と仰ぐ教団が日本最大規模になるのですから、宗教はおもしろいですね。法然教団や親鸞教団がなぜ巨大化したのかについては、複合的要因があるのでここでは触れずにおきます。ただ、法然が示した「肝要なのは称名念仏である。ゆえに念仏しやすいように生活せよ」という仏道が多くの人を引き込んだことは間違いありません。

法然は、聖なる生活のほうが念仏できるというのならそれでよい、結婚して家庭を持ったほうが念仏できるならそうすればよい、と語りました。この点は法然思想における最大の特徴のひとつでしょう。

法然が生活形態などに関しては、あまり形式にとらわれず寛容であったのに対して、一遍は意外にも生活規範について厳しいのです。例えば、「悪いと知っていながら執着したり、財宝妻子を求め、飲酒や肉食をしているのはけしからん。悪いと知れば、すみやかに捨てろ」と語り、究極的には「衣食住への執着を捨てろ」と説きます。なんでもオーライな人なのかと思ったら、違うのですね。

この点は竹村牧男が『親鸞と一遍』（法蔵館、一九九九年）で指摘しているように、一遍は漂泊する共同体の主宰者であり、この秩序を守るためだったのかもしれません。時衆集団は稀代の平等集団であり、『聖絵』を見る限りにおいて、貴・賤民の枠組みを超えた形態を確認することができます。この集団を維持しながら漂泊を続けるためには、ある程度の規範を設けることは必要だったのでしょう。

法然と親鸞

法然思想と親鸞思想の比較研究は、古来さまざまな方面から行われてきました。本書の手法で言うならば、法然と親鸞は影響比較するには格好の事例です。

とにかく法然なくして親鸞は存在し得ない。このことは確かです。また、親鸞が構築した思想は、法然の教えを大乗仏教体系の中に組み込む意図をもっていた、そのことはすでに確認した通りです。

その意味において、日本浄土仏教の教義体系は、法然によって完成されたと見ることができます。そして親鸞は、完成された法然の教えを自分自身の実存（現実のありさま）へと引き寄せるわけです。そこに親鸞の独自性があり、法然との相違も生まれます。

ここでは、親鸞における「聞」「称える」を手がかりとして考察を進めましょう。

法然は善導の念仏を継承し、「称える」に帰着しました。一方、親鸞は、念仏を「聞く」ことへと転換しています。親鸞は、「聞其名号、信心歓喜」（その名号を聞いて、信心歓喜する）という『無量寿経』の文を重視し、「称える」はすなわち「聞く」ことであるとします。より受動性を徹底させる方向へと向かったのが親鸞の念仏です。

親鸞は『教行証文類』の「行巻」において、善導の『往生礼讃』の文言を書いているのですが、なぜか善導の原文ではなく、わざわざ唐代の僧である智昇の文章を引用しています。以下は、その部分です。

「いま弥陀の本弘誓願《ほんぐぜいがん》は名号を称すること下至十声聞等におよぶまで定んで往生を得しむと信知して一念に至るにおよぶまで疑心あることなし」（「行巻」）

【阿弥陀仏の本願は、たとえ十声であっても、名号を称え、名号を聞くなどすれば、必ず往生できるというものである。このことを信知して、ひと声の念仏にいたるまで疑う

心がない。それが他力の念仏なのである】

このように親鸞は引用文を載せています。この部分、善導の原文には「聞」の字がありません。親鸞は「聞」の一字が載せてある智昇の書写本を、わざわざ使用したのです。親鸞が称名に「聞」を重ねる意図があったことは明白ですね。

親鸞の世界では、「称名」はすなわち「聞名《もんみょう》」なのです。「聞名」という思想が成立する根底には、宗教における受動的構造を徹底するという態度、すなわち絶対他力の立場があります。親鸞の著作『一念多念文意』を読んでみましょう。

「名号を称すること十声一声聞く人、うたがふこころ一念もなければ、実報土へとうまれるとまふすこころなり」(『一念多念文意』)

【名号を称えることがわずか十声や一声の者、名号を聞く者、阿弥陀仏の本願を疑う心がなければ、真実の浄土へと生まれる。そういう意味である】

ここでも明確に「称名」と「聞名」を重ねています。

また親鸞は『教行証文類』の「行巻」において、『無量寿経』だけでなく、『無量寿経』の異訳本である『大阿弥陀経』や『平等覚経《びょうどうがくきょう》』を引用しています。とても丁寧に引用の作業をしているのは、『大阿弥陀経』や『平等覚経』で説かれている本願に、「我が名字を聞きて」という一節があるからだと思われます。

初期阿弥陀仏経典にはさかんに「我が名を聞きて」という「聞名」が出てきます。『大阿弥陀経』には、「仏の名を聞くだけで」救われていくという仏道が説かれています。親鸞はこの点を見逃していません。きちんと主著に引用します。ここに親鸞思想の中核へと深く入り込む手がかりがありそうです。親鸞思想に肉薄するためには、この「聞」がポイントです。

親鸞はこの「聞」に「信」を重ねています。

「聞くといふは信をあらはすみのりなり」(『一念多念文意』)
【聞くというのは、信心のことを示しています】

この一文は重要です。「聞」は「信」だと言うのです。

こうして、親鸞思想のカナメである「称＝聞＝信」が浮かび上がってきます。

第二章で、『教行証文類』の構造を「教―行＝信―証」と考察しました。これが「称＝聞＝信」を支えています。仏の名を称えるという行為と、仏の呼び声を聞くことと、阿弥陀仏の誓願を信じることはひとつであり、それは阿弥陀仏からたまわるものである、だからこそ親鸞は「行巻」と「信巻」を並べたのです。

「称から聞へ」の転換は、親鸞の深い内省の姿勢から生まれたものでしょう。

そもそも「南無阿弥陀仏」とは、サンスクリット語の「ナマス＝帰依する」と「アミターバ＝限りない光」「アミターユス＝限りない生命」と「ブッダ＝目覚めた者」から成る言葉を、音写したものです。つまり「南無阿弥陀仏」と称えることは、「限りない光と生命の仏（働き）におまかせします」という告白でもあるわけです。

第二章で「善導の六字釈、親鸞の六字釈」を取り上げましたが、親鸞は「南無」を「本願招喚の勅命」であるとしています。つまり、阿弥陀仏の呼び声だと言うのです。平たく言うと、「（私が）おまかせします」と帰依している念仏を、親鸞は「（仏が）まかせてくれよ」と呼んでいる念仏へと転換したのですね。自身の罪業深きことを嘆き続け、念仏を喜べないこの身であるからこそ往生は間違いない、そう語った親鸞らしい受けとめ方です。

阿弥陀仏はまさにこの我ひとりのために存在すると言い放った親鸞に比べると、法然は人々を教化する意志を明確にもっていました。流罪になっても、「この流罪によって、遠く離れた人たちを教化できる」と受けとめた法然。人格者として、教育者として、教団のリーダーとして、なにより仏教を再構築した僧として、法然はスケールの大きな人物でした。このような懐の深さは、親鸞にはないものです。

実存的宗教者・親鸞を生み出したもの

ところで、保留となっていた「なぜ親鸞のような実存的宗教者が登場したのか」という問題ですが、法然思想を読み解くうちにわかりました（これぞ影響比較の醍醐味です。法然と親鸞との双方を同時に見ていかないとこういうことは起こりません）。親鸞の特性を生みだしたのは、法然思想における二項対立・取捨選択の構造に違いありません。

おそらく、スタンダードな日本仏教の土壌から、親鸞のような人物はなかなか生まれないでしょう。なぜなら、救済者と被救済者の緊張関係が持続しにくいからです。日本仏教の場合、すべてが同一化する傾向が強い。仏と私も、融合していきます。どこまでいっても人間と断絶している「神」をもたない仏教では、「神と私」の緊張関係が長く続くことは、起こりにくいのです。ですから、自分のあり様が徹底的に問われるという方向よりも、「自己を滅する」方向へと進みます。特に日本仏教では、すべての境界が融解して、あるがままの私を肯定するベクトルが強くなります。

しかし、親鸞の抱える苦悩は、そのような方向へ着地しませんでした。どこまでも自らの内奥と対峙し続けるためには、自らのありさまを照射し続ける阿弥陀仏が必要だったのです。阿弥陀仏と向き合うことによって、私という存在が浮かび上がる。浮かび上がるのは、阿弥陀仏から逃げ続けようとする私です。

親鸞は自らの姿を直視するにつけ、何度も何度も絶望したことでしょう。仏に背き続ける自分。「浄土は恋しからず候」と告白する親鸞。そして、同時に、「そのような自分だからこそ阿弥陀仏の救いは成立するのだ」と実感する親鸞。

親鸞には、「救いに背を向ける自分」と「救いを希求する自分」が同時成立しています。仏から逃げ、背き続け、悟りから一番遠い自分が現れたとき、そのままで仏に迎えられている自分を見出します。どちらにも着地しない、ギリギリの緊張関係が持続されています。このような実存的宗教者が生まれるには、法然思想のような二項対立・取捨選択構造が必要でした。

この現象は、キリスト教のプロテスタンティズムの土壌から、実存哲学が生まれたことと相似形をなしています。実存哲学は、北欧の敬虔主義的キリスト教をベースに展開しました。

例えば、実存哲学の祖・キェルケゴールと並べてみましょう。デンマークで生まれ、わずか四十二歳で早逝した哲学者であり、キリスト者です。

キェルケゴールは、自己の不安を、罪を、死を、どこまでも直視し続けました。キェルケゴールにとって信仰とは、「苦と歓喜」「罪と救い」「私と神」といった対立項の緊張関係を、どこまでも抱え続けるところにあります。神と私は、どこまでも断絶しており、神と関われば関わるほど、私のニセモノがあらわになります。かくして「罪と救い」の緊張関係こそ、信仰の情熱となります。このような矛盾こそが信仰の本質であると、キェルケゴールは語ります。キェルケゴールは、もっとも神から遠い存在である自分を自覚していました。

だからこそ、次のような選択が迫られます。

そしてキリスト教はそれぞれの単独者に言う。なんじ信ずべし、なんじが躓くか、なんじが信じるか、どちらかが真である。これ以上一語もない、これ以上加えるべきものは何もないのである。(『死に至る病』)

ここにあるのは、二者択一の論理であり、絶対者による救いと被救済者の構造です。この関係は、どこまでも崩れることはありません。絶対と自己との合一を軽々しく肯定しない。また絶対によって自己が滅するとも言わない。自己は超越者によってどこまでも否定されるのであるが、逆説的にどこまでも自己はくっきりと浮かび上がってくる、これがキェルケゴールの信仰でした。そしてこのようなキリスト者を生み出したのは、北欧のプロテスタントがもつ二元論的思想構造なのです。

このような構造は、一元化傾向の強い日本仏教においてはあまり確認することができません。

こうしてみると、あらためて、法然の二元的仏教思想は独自性の強いものであったことが知られます。

法然は、師資相承、あるいは寺院や僧による手次、ではなくひとりひとりが直接阿弥陀仏と向き合う仏道を切り開きました。全主体をかけて「あれかこれか」を選び取るのだ、という日本仏教思想史上稀有な論理を展開しました。

プロテスタントたちの明快な「神と私」関係こそが、神の前に独りたたずむ単独者としての個を生み出し、神に背き続ける苦悩の我を自覚させました。この図式と同様の事態が、法然思想と親鸞との間に起こったと思われます。

おそらく、法然が仏教的一元構造を解体しなければ、日本宗教の土壌において親鸞のごとき類い稀な宗教性が花開くことはなかったでしょう。法然の「救い型」思想構造がひとりの実存的宗教者を生み出したのです。

親鸞と一遍

本書は、法然・親鸞・一遍が一度にわかるといったコンセプトをもっていますが、一方では親鸞を基点として法然と一遍を俯瞰する手法をとっています。もう少し、親鸞と一遍を対比してみましょう。

親鸞と一遍を比較した竹村牧男の『親鸞と一遍』では、両者の相違がこと細かに述べられています。

例えば、親鸞は「神祇不拝」であるのに対して、一遍は「神明尊重」だとしています。親鸞は『教行証文類』の「化身土巻」で「仏に帰依せば、終にまたその余の諸天神に帰依せざれ」と、『涅槃経』の言葉を引用しています。仏教に帰依したのであれば、その他の神々に帰依してはならない、とするのです。

さらには、『論語』の「未だ人に事《つか》うること能《あた》わず、いずくんぞよく鬼に事えん（いまだ人に仕えて誠を尽すことさえできないのに、どうして鬼神に仕えることができようか）」の言葉を、「鬼神につかえてはならない。人間がどうして鬼神につかえることができようか」と改読しています。こうして、仏教者として「神祇不拝」の立場を明確にしているわけです。親鸞には「神々は念仏者を常に守ってくださる」といった歌もありますので、唯一神教※的に神々を否定していたのではありませんが、仏教者としてあるべき態度を重視していたことは間違いないでしょう。

これに対して、すでに見たように、一遍は日本の神々をとても尊重しています。この件に関しては、親鸞と一遍の相違というよりも、日本宗教フィールドにおいて一遍の態度は多数派であると言えます。

いずれにしても、竹村が言うように、親鸞と一遍にはいくつか際立った違いがあります。竹村は「親鸞はこの世での成仏は決していわないが、一遍は現世での成仏を語る」点を、両者における明確な差異として挙げています。

一遍は明確に現世での往生や成仏を意識していたようです。これは自己も仏もすべて同一化してゆく一遍の本質から見れば当然の帰結でしょう。

また一遍は「聞名」についても親鸞とは異なる理解を示しています。一遍の語録には、次のような言葉があります。

「人のよそに念仏するをきけば、我心に南無阿弥陀仏と浮かぶを聞名といふなり。然ば、名号が名号をきく也」（『播州法語集』）

【他者が念仏するのを聞いて、私の心に南無阿弥陀仏と浮かぶことを「聞名」と言うのである。すなわち、私の中の南無阿弥陀仏が（他者が称える）南無阿弥陀仏を聞くのだ。名号が名号を聞くのである】

つまり一遍は、他者が称える念仏を聞名と捉え、それが自己の念仏と呼応し一体となり、ただ南無阿弥陀仏となる、としているのです。

これは自己の称名念仏が、そのまま阿弥陀仏の呼び声として成立し、称名即聞名となり、「たまわりたる念仏」となる親鸞の理解とは異なります。

※ひと口に一神教と言っても、いくつかのタイプがあります。他の神々を認めつつ、その中からただ一神を選んで信仰するという拝一神教（モノラトリィ）もあれば、神々のヒエラルキーがあってその中の主神を信仰するという単一神教（ヘノシイズム）もあります。また、その主神が交替するという交替神教（カセノシイズム）も、一神教です。そして、唯一絶対の神しか認めない形態が唯一神教（モノセイズム）です。

三祖の思想ベクトル

さて、一遍を高く評価した唐木順三にしても柳宗悦にしても、法然→親鸞→一遍という展開を設定しています。しかし、私見によれば、この三者それぞれが、どこに立脚しどんな方向性をもつのかといった「思想的ベクトル」は相違しています。特に法然と一遍は違います。だから、三者を進化論のように捉えてしまうと、それぞれの特性を見誤ることになります。

これまで見てきたところを、少しまとめてみましょう。

法然は、明恵の論理に代表されるような「同一性」や「均質化」を特徴とする日本仏教の中で、聖道門／浄土門、親／疎、純／雑、信／疑といった二項対立構造を打ち立てました。そしてそのことで、厳しい批判にさらされます。

親鸞は、法然の仏道を大乗仏教の体系上で位置づけようとしました。その際、理論の支柱となったのは曇鸞の「背反するものが、そのままひとつである」という思想です。一遍は、西山派によって洗練された法然思想を、「捨てる」に徹底することで中空型構造へと向かいます。すべての要素は名号へと帰し、その名号と私とが一体となる、それが一遍の語った地平でした。

こうして列挙すると、一旦、法然によって再構築された中軸型の仏教が、親鸞を経て、一遍へとたどり着き、再び中空型へと回帰したように見えます。でもそのように単純化して捉えることは避けなければいけません。

法然と親鸞は、夾雑《きょうざつ》要素を排除する仏教を志向していました。第一章で見たように、法然は従来の仏教にくっついていた非仏教的信仰を削ぎ落とし、専一・純化された仏道に立とうとしていました。最初に法然が足場としていたのは、総合仏教である天台宗でした。そこから法然は、専修念仏へとシフトしていったのです。

そして、この傾向は親鸞においてさらに強化されます。だから、中軸型の構造という面では、親鸞は法然よりも先鋭的です。シンクレティズムの性質が強い日本宗教フィールドにおいては、特異な存在であると言っていいほどです。親鸞が『教行証文類』に「化身土巻」を設定したわけは、なにが非仏教的信仰であるかを明確にするためでした。

また、一遍は「ただ南無阿弥陀仏」と専一・純化された仏道を、すべてを飲み込む胃袋のように転換します。一遍は、最初から、法然や親鸞のように夾雑要素を削ぎ落そうとはしませんでした。法然や親鸞とは違う方向を見ていたのですね。

このように、三者は同じ「日本浄土仏教」の範疇に存在していながら、それぞれの立ち位置や方向性には特性があるわけです。

生涯を出家者として送った法然。

どこまでも世俗の中に生き切ろうとし、自らを非僧非俗と呼んだ親鸞。

遊行という形態をとった一遍。

彼らの歩んだ仏道は、それぞれの思想とパーソナリティによって特徴づけられています。

日本で完成した仏道

浄土仏教は日本で完成形へと到達しました。日本において、浄土仏教が独り立ちしたとも言えます。そして、その体系は、仏教という宗教から逸脱しているのではないか、とさえ思えるほどです。浄土真宗に至っては、「プロテスタントにそっくり」などと言われています。

そこで、最後に、少しキリスト教と比べながら、三祖が構築した日本浄土仏教の仏道を見ることにしましょう。

まず、「すべての人を救う阿弥陀仏は、キリスト教における神のような存在なのか」といったあたりから考えてみます。結論から言えば、仏教体系の中では超越的存在による救済を説く浄土仏教ではありますが、阿弥陀仏は造物主である神とはまったく異なるものです。

阿弥陀仏は、法蔵（ダルマーカラ）という比丘が修行して悟りを開いた結果の如来です。法蔵は「もし私が悟りを開いて仏となったなら、すべての人々が、まことの心で信じ喜び、私の国に生まれたいと思い、たとえば十回ほど念仏すれば、必ず私の国に生まれることを願う。もしそのようでなければ、私は悟りを開かない」（『無量寿経』）と誓っています。つまり、阿弥陀仏は浄土往生を願う念仏者がいなければ存在しないのです。阿弥陀仏と念仏者とは相互依存関係にあるわけです。

他方、キリスト教やイスラムの神は、何ものにも依存することなく、単独で存在します。たとえ人類がいなくても、この世界がなくても、存在するのが唯一神教の神です。絶対なる神です。つまり、阿弥陀仏とはまったく別モノなのです。序章で確認したように、阿弥陀仏は限りない光や生命の働きであり、受容原理ですから。

また、浄土仏教は多様な仏道の中のひとつであるという点も、キリスト教とは相違するところです。日本の念仏者たちが語るように、日本浄土仏教は「私にはこの道しかない」との姿勢が特徴なのですが、それは「もう一方の仏道」が視野にあるからです。もう一方の仏道とは「戒律を守り、禅定を実践して、悟りへと至る」といった体系です。悟り型宗教としての仏教です。

日本の念仏者たちは、浄土仏教の仏道がもともと仏教の中では脇役であることを充分に自覚していました。悟り型の仏道こそ本来の仏教であることは、しっかりと理解していた上で、「末法の時代には、もはや悟りの道を完遂することができない」「私のような愚者は他力の道しかない」との姿勢を明確にするのです。

このように「他にも道はあるものの、私はこの道を選ぶ」といった形態は、唯一神教ではありません。浄土仏教とキリスト教とは、同様の「救い型の宗教」ではあるものの、根本的に性格が異なります。そこで第一章では、選択的一神教といった表現を使いました。

いずれにしても、他文化圏に比べると、日本における浄土仏教の展開は群を抜いています。もちろん、法然という仏教の再構築者がいたことは大きな要因だったのは間違いありませんが、それだけでなく浄土仏教は日本の宗教心と共振しやすい部分が大きかったのでしょう。

例えば、浄土仏教は「帰るところ」を提示する仏道です。ある韓国の宗教学者が、「日本人の宗教性を最もよく表しているのは『夕焼小焼』の歌だ」と言ったそうです。

夕焼小焼で日が暮れて
山のお寺の鐘がなる
お手々つないで皆かえろ

鳥と一緒に帰りましょう（中村雨紅作詩）

ここで語られる、「夕焼」「お寺の鐘」「お手々つないで」といった記号は、「共生感覚」「自然観」「生命感」「無常観」「深みのある悲哀感」など、日本の宗教的情緒を見事に象徴しています。どれをとっても、本来とてもクールな仏教理念とは対照的なウエットさがあります。そこには、「おかえりなさい」と言って迎えてもらえる世界があり、それは日本宗教文化の原像だと思います。

また、そこは「また会える世界」でもあります。『阿弥陀経』というお経には「倶会《くえ》一処《いっしょ》」という言葉が出てきます。「ひとつの処で会いましょう」という意味です。「おかえり」と迎えてくれる世界があるから、「また会える世界」があるから、凡人や愚者も苦難の人生を生き抜くことができる。浄土仏教はそんな道です。

そして、このような死生観は、ヒンドゥー文化圏における仏教の〝輪廻〟に基づく生命観よりも、日本文化圏にぴったりだったのでしょう。わかる気がします。

念仏者の生活

中国仏教では、禅浄双修と言って、禅仏教と浄土仏教は一対で語られることが多いのですが、日本仏教ではそれぞれが独立する方向へと進みました。もちろん、その流れを作った最大のキーパーソンは法然です。日本における念仏者の系譜は、本書で取り上げた三者以外にも、空也、源信、永観、珍海、良忍などの僧侶を始め、貴族、武士、農民、商人など、多岐にわたっています。しかし、なんといっても、法然、親鸞、一遍によって「念仏者としての生き方」「念仏者としての生活」が根をはりました。

念仏者の生活形態は、出家・僧侶・在家・常民・非常民などの区別が希薄であるところに特徴があります。まさに法然が説いたように、どのような生活形態であっても、その身のままで念仏するのです。それゆえ、日本浄土仏教は、日本仏教における出家者という形態を崩していく大きな要因となりました。在家仏教としての性格が強いためです。普通に社会生活を送る凡人のため、いや悪人のための仏道ですから。

さて、仏法を軸として社会を生きるという浄土仏教の姿勢は、日常生活のいろいろな場面で影響を与えました。のちに、浄土真宗教団が北陸や近江において商業倫理を発達させたり、加賀で「百姓のもちたる国」を生み出したりしたのも、その一例です（この場合の「百姓」という言葉は、〝さまざまな職業〟という意味）。

ユニークなのは、一遍の日常生活の用品に対する考え方です。一遍は生活用品には阿弥陀仏の徳が秘められているとしました。このような思想は、法然や親鸞にはありません。一遍には、生活用品に関する秘密の解釈である「道具秘釈」というのがあります。列挙してみます。

「引き入れ（飯を盛る椀鉢）は、無量光仏の徳」
「箸筒は、無辺光仏の徳」
「阿弥衣（時衆独特の麻製の衣）は、無碍光仏の徳」
「袈裟は、無対光仏の徳」
「帷《かたびら》は、炎王光仏の徳」
「手巾（手ぬぐい）は、清浄光仏の徳」
「帯は、歓喜光仏の徳」
「紙子（紙で作った衣）は、智慧光仏の徳」
「念珠は、不断光仏の徳」
「衣は、難思光仏の徳」

「足駄は、無称光仏の徳」

「頭巾は、超日月光仏の徳」

このように、一遍は、ここに挙げた十二の道具のこころを信ずべしと語っています。これらは、曇鸞が創作した『讃阿弥陀仏偈』における「阿弥陀仏を十二の光の徳で讃えた表現」を、それぞれ身近な道具にあてはめたものです。曇鸞は、阿弥陀仏を三十七の表現で礼讃しています。その三十七のうち、十二は光の表現となっているのです。「何ものにもさえぎられることのない光」や「我々にははかり知ることのできない光」などと曇鸞は書いています。この十二の光の徳はたいへん有名なものなので、親鸞もこれをテーマに和讃を創作しています。

しかし、道具の中に阿弥陀仏の光を見て取るような態度は一遍独特のものです。このように、生活や仕事に関する道具を神聖視するのは、神道的態度であるとも言えます。やはり、一遍らしい思想であると言えるでしょう。

他方、親鸞にもおもしろい伝説があります。親鸞が作成した「田植え歌」があると言うのです。田植えをしながら念仏の教えを味わえる内容になっていたと言われています。伝説の域を出ないのですが、親鸞の足跡をたどるとこういう話が数多く残っています。

親鸞と言えば孤高の念仏者といった印象が強いのですが、弱者の仏道である浄土仏教ですから、やはり同朋と共に歩む側面があるのです。

また、浄土仏教者と言えば、やはり妻帯や家庭の問題があります。親鸞は結婚したことで知られていますが、これはあきらかに法然の教えに基づいた行動です。法然門下では、半僧半俗の者も多く、さらには結婚して家庭生活を営むことは自然であるといった風潮もありました。親鸞が尊敬した兄弟子の聖覚も結婚して家庭生活を営んでいます。

親鸞の同朋グループを記した『交名牒（稲田西念寺本）』によれば、妻・恵信尼を中心とした念仏集団もあったことがわかります。親鸞と恵信尼は、ともにそれぞれの宗教活動を展開していたのです。中世の夫婦のあり様は現代とはずいぶん相違しますが、興味深い二人です。

むすびに　選択と葛藤と融合と

比較する

もともと宗教学という領域はcomparative study（比較の研究）とも言われ、成立当初より「比較」という手法に基づいていました。

小学館の『日本国語大辞典』によれば、「比較」とは「二つ以上のものを互いに比べ合わせて、それらの間の類似点、相違点、一般法則などを考察すること」となっています。「比べる」とは「操り合へ」であり、もともとは離れているものを操り合わせて同一の視野に置こうという働きです。comparativeも、par「等価」にcom「共に、合わせる」という接頭語が加わったものであり、「等しいものへと展開してゆく」を原義とします。ラテン語、フランス語、ドイツ語においてもほぼ同様の事情であるようです。

本書では、法然・親鸞・一遍、日本浄土仏教三祖の思想の中で、比較しやすいところをピックアップして、わかりやすく紹介するように努めました。三者の思想全体がわかるというよりも、照らし合わせると特性がわかりやすくなる部分をとりあげております。そのため、ややカリカチュアされた三祖像になったかもしれません。

しかし、時には本書のような視点も必要であると思います。個別に見ていてはわからない側面が浮上するからです。個別の思想を追っているうちに、袋小路に入ってしまって行き詰った時などは、影響比較や対比比較を試みることはとても有効です。

分類する

法然・親鸞・一遍の思想構造を把握するために、中空型構造と中軸型構造といった類型を使いました。もう少し丁寧に、

「中空型構造に立って、中空であり続けようとする方向性をもつもの」(タイプⅠ)
「中空型構造に立って、中軸を形成しようと志向する方向性をもつもの」(タイプⅡ)
「中軸型構造に立って、中軸であり続けようとする方向性をもつもの」(タイプⅢ)
「中軸型構造に立って、中空を志向する方向性をもつもの」(タイプⅣ)の四類型で分類することも可能です。

法然はタイプⅡとなるでしょうか。総合仏教である天台宗から、称名念仏を軸とした思想の構築へと歩みを進めました。

親鸞は、法然思想に立脚しましたので、タイプⅢですね。法然よりもさらに選択的一

神教性質が加速します。ただ、親鸞はタイプⅢの視点からタイプⅠの仏道も取り込もうとした感があります。つまり、法然思想で大乗仏教全体を語り尽くそうとする印象があります。親鸞は他力の仏教を「大乗の至極」と呼んでいます。究極の大乗仏教だというわけです。

一遍は、タイプⅣとしたいところです。平安仏教線上に位置づけるならばタイプⅠなのかもしれませんが、やはり一遍の場合は西山派の教えを基盤としていましたから。法然によって二項対立的に形成されていった中軸型仏教を中空的宗教構造へと還元する方向性をもつタイプⅣです。

この四類型を設定したのは、「どこに立脚して、どの方向性をもっているのか」という動態的側面を捉えたいためです。思想のダイナミズムを表現することで、類型論の弊害(第一章参照)を少しでも低減できるのではないかと思ったわけです。こういった類型を使うことで、立脚点は同じだが方向性が違う、あるいは方向性は同じだが立脚点が違うといった部分がわかりやすくなります。立ち位置と方向性を考慮せずに比較すると、「浄土仏教は法然・親鸞で完成された。一遍は民俗宗教に堕している」や、「法然・親鸞は一遍の境地にまで達することができなかった」などといったレベルの結論に達してしまいます。

選択と葛藤と融合と

法然は、本来「悟り型宗教」であった仏教を、「救い型宗教」へと再構築しました。さらには、仏教者の生活様式にも大きな転換をもたらしました。

はたして、その意図はどこにあったのでしょうか。

そのあたりを読み取っていただければ筆者として大きな喜びです。そして、「弱者の宗教は一神教的傾向をもつ」「弱者の宗教は強いつながりを生み出す」といった視点も勘案しながら読んでいただければ、さらに楽しんでもらえるのではないかと思います。

なんといっても法然は日本仏教史上における巨人です。法然は仏教を二者択一する道へと変換しました。『選択集』の「選択」とは、阿弥陀仏によって選ばれた本願の念仏という意です。しかし、終盤で「三選の文」が語られているように、法然が開示した「あれか、これか」の宗教的決断による仏道を象徴しています。ただひとつの道を選びとるところに、愚者が苦悩の人生を生き抜く力が生まれるのです。

そしてこの法然の思想構造が、日本宗教史上稀有な存在である親鸞という存在を生み出します。あたかも「光と影の緊張関係」のように、喜びと苦悩が拮抗する親鸞の思想は、日本宗教のフィールドにおいて異彩を放っています。そこに親鸞の特性があることは間違いありません。

法然ほどすっきりとした論理的整合性を発揮するのでもなく、一遍のようにすべてを無化して仏と合一するのでもない。地獄へ行くしかない我が身と、必ず浄土へ往生する我が身とのコンフリクトが、親鸞の生涯を貫いています。どちらにも着地しないその姿こそが、親鸞の信心の内実です。

一方、法然や親鸞とは異なる「遊行」の形態をとった一遍は、その圧倒的な身体性でさまざまな垣根を軽々と越えていきました。出家と在家、聖と俗、仏と私、念仏と禅、仏教と非仏教、宗教と芸能など、領域の意識を捨てた一遍においては相反することなく融合しています。

法然によって、中軸型へと解体―再構築された浄土仏教は、一遍において中空型の構造へと転換されます。一遍の世界では、異質な存在はすべて同一化され平等化されています。考えてみれば、ダンスや音楽から生み出される宗教的熱狂は、非信者さえも巻き込んでしまいます。宗教体系は信じている者と信じていない者との差異化を避けることができませんが、アートや芸能は信じていなくても共鳴可能です。信・不信を問わない一遍が、踊躍念仏や賦算という特徴的な様式へと至るのは必然であったと言えます。

あとがき

本書は、宗教思想を比較して考察することの重要性を強調することを意図しています。どのような思想も動的な性質をもっています。固定したものではありません。またひとつの思想の中に矛盾したものも内包しています。だから、この思想は何を前提とし、どの方向を向いているのかに着目することが大切です。そのためには、複数の思想を比べるしかありません。

法然・親鸞・一遍と、できる限り三者を並列しようとはしたのですが、結果的には長年研究してきた親鸞の信心を主線として検討することになりました。やはりどこかに力点をおかないことには、照らし合わせたり、補助線を引いたりすることが困難なようです。

しかし、今回もあらためて感じたのですが、宗教思想を比較検討する作業は、単に類似点や相違点を抽出するだけでなく、比較対象同士が反応し合って、意外な局面を見ることができます。そして、そこにこそ比較思想の醍醐味があります。考察対象を並べることで、化学反応が起きて、今まで気がつかなかった部分が浮かび上がり、その思想の深淵をのぞいたときの喜びは格別です。本書の中にも、その喜びが点在していると思います。

＊

本書は、新潮社の金寿煥さんに支えられて書き上げました。ここで御礼申し上げます。金さんは、仏壇をクリエイトした人物です。仏壇とは、論壇や文壇や画壇などと同様、仏教系の言説フィールドを指します。仏壇に興味がある方は、金さんが関わった仕事を調べてみてください。

また、真宗学者の信楽峻麿《しがらきたかまろ》先生をはじめ、数多くの先生方にご教導をいただきました。せっかくきちんとご教導いただきながら、ずいぶん偏向して学んでしまっております。なにとぞご海容ください。

釈 徹宗　1961（昭和36）年大阪府生まれ。浄土真宗本願寺派・如来寺住職。相愛大学教授。大阪府立大学大学院博士課程修了。専門は宗教学。著書に『いきなりはじめる仏教生活』『不干斎ハビアン』など。

Ⓢ新潮新書

439

法然親鸞一遍《ほうねんしんらんいっぺん》

著 者　釈《しゃく》 徹宗《てっしゅう》

2011年10月20日　発行
2017年3月15日　5刷

発行者　佐藤隆信

発行所　株式会社新潮社
〒162-8711　東京都新宿区矢来町71番地
編集部(03)3266-5430　読者係(03)3266-5111
http://www.shinchosha.co.jp

印刷所　大日本印刷株式会社
製本所　加藤製本株式会社

ISBN978-4-10-610439-8　C0215

Ⓢ新潮新書

421 **マイ仏教** みうらじゅん

グッとくる仏像や煩悩まみれの自分と付き合う方法、地獄ブームにご機嫌な菩薩行……。辛いときや苦しいとき、いつもそこには仏教があった――。その魅力を伝える、M・J《みうらじゅん》流仏教入門。

404 **迷える者の禅修行** ドイツ人住職が見た日本仏教 ネルケ無方

ドイツで坐禅に出会い、悟りを求めて日本で出家。この国の仏教に失望しながらも、ようやく辿り着いた、自給自足・坐禅三昧の修行生活。日本人が忘れた「本物の仏教」がここにある！

696 **お寺さん崩壊** 水月昭道

過疎化や仏教離れで、寺院経営は大ピンチ！アルバイトで生計を立てる住職、金持ち寺院に出稼ぎに行く僧侶など、ズバリその収入から本音までを地方寺院の住職がぶっちゃける。

208 **お坊さんが困る仏教の話** 村井幸三

お釈迦さまは葬儀と無関係。大乗仏教は釈迦仏教にあらず。戒名は中国仏教の創作。成仏と往生は異なる。死後戒名は江戸幕府の強制。……お寺さんには遠慮なし。明快に急所を解説。

357 **お坊さんが隠すお寺の話** 村井幸三

頼みの「葬式仏教」は期限切れ寸前、過疎化で檀家が激減、後継者もいない……、このままでは、間違いなくお寺は崩壊する。お坊さんが黙して語らない、現代のお寺事情。